Frederik Hetmann (d. i. Hans-Christian Kirsch) war nach dem Studium Lehrer und dann Lektor in einem pädagogischen Fachverlag; unternahm ausgedehnte Reisen in fast alle europäischen Länder und in die USA; lebt als freier Schriftsteller in Nomborn/Westerwald.
Veröffentlichungen: «Durch Amerika», rotfuchs 61/1974; «Pepe traut dem Frieden nicht», rotfuchs 96/1975; «Bob Dylan», rotfuchs 120/1976; «Ich habe sieben Leben. Die Geschichte des Ernesto Guevara, genannt CHE», rotfuchs 137/1977; «Wildwest Show», rotfuchs 238/1980; u. a.

Frederik Hetmann

Der
Rote Tag

Bericht über die Schlacht am
Little Bighorn River zwischen den Sioux
und Cheyennes und der US-Kavallerie
unter General Armstrong Custer

ro
ro
ro

Rowohlt

rororo rotfuchs – Herausgegeben von Uwe Wandrey

Veröffentlicht im Rowohlt Taschenbuch Verlag GmbH, Reinbek bei Hamburg, Mai 1981 / Copyright © 1975 by Loewes Verlag, Bayreuth / Umschlagfoto H. Schmied/Mauritius / Fotografiken im Text von Werner A. Kilian / rotfuchs-comic (Umschlagrückseite) Jan P. Schniebel, Copyright © 1981 by Rowohlt Taschenbuch Verlag GmbH, Reinbek bei Hamburg / Umschlagtypographie Manfred Waller / Alle Rechte an dieser Ausgabe vorbehalten / Gesamtherstellung Clausen & Bosse, Leck / Printed in Germany / 580-ISBN 3 499 20275 1

«. . . denn keine Schlacht wird jemals gewonnen, sagte er. Schlachten werden nicht einmal geschlagen. Das Schlachtfeld enthüllt dem Menschen lediglich seine eigene Dummheit und Verzweiflung, und Sieg ist nur eine Illusion von Philosophen und Toren.»

William Faulkner

Inhalt

In Memoriam den Opfern von

Sand Creek 1864/68
Wounded Knee 1890
Mylai 1968
Da Nang 1975

in Zorn und Trauer gewidmet

1. Erste Meldung von einer Katastrophe

An General W. T. Sherman   ! Kopie/Übersetzung !
Washington D. C.   Streng vertraulich!
Absender:
General P. H. Sheridan
Continental Hotel, Chicago/Ills   Juli 1876

Das Folgende ist ein Bericht von General Terry, datiert vom 27. Juni, den wir heute spät abends erhielten.

Es ist mir eine schmerzliche Pflicht zu vermelden, daß vorgestern, den 25. dieses Monats, General Custer und die unter seinem Kommando stehenden Truppen von einer großen Katastrophe betroffen worden sind. Um 12 Uhr am 22. d. M. brach er mit seinem ganzen Regiment und einer starken Abteilung von Scouts und Führern zur Mündung des Rosebud auf. Dem Lauf des Flusses etwa zwanzig Meilen folgend, stieß er auf eine große Indianerspur. Ihr folgend, stellte sich heraus, daß sie, wie vermutet, zum Kleinen Big Horn Fluß führte. Hier fand er ein Dorf von fast unbegrenzter Ausdehnung und griff dieses mit der Gruppe seiner Einheit an, die ihm augenblicklich zur Hand war. Major Reno mit den drei Kompanien A, G und M wurde in das Flußtal zu der Stelle geschickt, zu der die Trail führte. General Custer mit fünf Kompanien versuchte drei Meilen weiter unten anzugreifen. Reno überquerte den Fluß und griff auf dem linken Ufer an. Er mußte aus dem Sattel und kämpfte zu Fuß, bis er sich, durch eine Übermacht fast völlig überwältigt, gezwungen sah, wieder über den Fluß zurückzugehen und auf einer hohen Klippe Zuflucht zu suchen, die das rechte Ufer überragte. Als er dieses Manöver ausgeführt hatte, kam Capt. Benteen, der sich mit drei Kompanien zwei Meilen zur Linken von Reno befand, als die Aktion ihren Anfang nahm, nun aber von General Custer Befehl erhalten hatte, umzukehren, ebenfalls am Fluß an. Er entschied, daß er allein zu schwach sei, um mit seiner Abteilung den Kampf im Tal wieder aufzunehmen, und stieß zu Reno auf die Klippe. Capt. McDougal mit seiner Kompanie B befand sich als Nachhut mit einem Saumtierzug ganz hinten. Auch er kam zu Reno herauf. Bald waren die vereinigten Streitkräfte fast vollständig von Indianern eingeschlossen, von denen viele mit Gewehren bewaffnet waren.

Die Indianer besetzten Stellungen, von denen aus sie das Gelände, das von der Kavallerie gehalten wurde, beherrschten. Also gab es kein Entkommen. Schützenlöcher wurden gegraben. Kämpfe kamen in Gang, die sich unter schweren Verlusten vom 25. 1/2 drei Uhr bis sechs Uhr am 26. hinzogen. Dann räumten die Indianer unter Mitnahme ihrer Zelte das Tal. Über die Bewegungen von General Custer und der fünf Kompanien unter seinem unmittelbaren Kommando ist kaum etwas bekannt, denn keiner der Offiziere oder Soldaten, die ihn begleiteten, ist bis jetzt lebend angetroffen worden.

Seine Trail von dem Punkt an, wo Reno den Strom überquerte, verläuft hinter dem Kamm jener Erhebungen, die das Steilufer bilden, auf der rechten Seite des Flusses über nahezu oder fast drei Meilen hin, sie kommt dann herunter zum Flußufer, biegt aber sofort wieder ab, so als habe ein erfolgloser Versuch stattgefunden, den Fluß zu durchqueren.

Darauf verläuft sie in einem sich schließenden Kreis. Der Weg ist markiert von den sterblichen Überresten der Offiziere und Mannschaften, sowie von den Kadavern der Pferde. Einige liegen in der Spur, andere an Stellen, an denen offenbar Halt gemacht worden ist.

Es gibt hinreichende Anzeichen dafür, daß die Truppen heldenhaften Widerstand geleistet haben, aber sie müssen

10

von allen Seiten von einer erdrückenden Übermacht bedrängt worden sein.

Von den folgenden Offizieren weiß man, daß sie getötet wurden: Gen. Custer, die Hauptleute Keogh, Yates und Custer, die Leutnants Cooke, Smith, McIntosh, Calhoun, Porter, Hodgson, Sturgis und Reilley von der Kavallerie. Leutnant Crittenden von der 2. Infanterie; die Ärzte Dr. Wolf, Link Harrington von der Kavallerie und der Militärhilfsarzt Lord werden vermißt.

Captain Benteen und Leutnant Varnum von der Kavallerie sind leicht verwundet. Mr. Boston Custer, ein Bruder, und Mr. Reed, ein Neffe von General Custer, befanden sich in seiner Begleitung und kamen ums Leben. Keine weiteren Offiziere, außer denen, die ich namentlich erwähnt habe, sind unter den Toten, Verwundeten oder Vermißten.

Es ist im Augenblick nicht möglich, eine zuverlässige Aufstellung der Soldaten zu geben, welche verwundet oder getötet worden sind; doch dürfte sich die Zahl der Toten, einschließlich der Offiziere, auf 250 Mann belaufen, während die Zahl der Verwundeten auf 50 Mann geschätzt wird. Eine genaue Aufstellung der Verluste wird sobald wie möglich nachgereicht.

R. G. Drum
A. A. G.
(Gezeichnet) P. H. Sheridan
Generalleutnant

Heute, da die Neuen Indianer gegen die Bevormundung ihrer Brüder und Schwestern durch die Weißen protestieren, da sie sich mit politischen Mitteln gegen das Unrecht zur Wehr setzen, das ihrem Volk immer noch widerfährt, geht unter ihnen eine Parole um, die die weißen Männer zum Nachdenken bewegen soll. DENKT AN DIE SCHLACHT VOM KLEINEN BIGHORN RIVER! CUSTER STARB FÜR EURE SÜNDEN! Wir fragen: Was geschah damals im Sommer 1876 in Montana?

2. Wie alles begann

Nicht immer war Feindschaft gewesen zwischen den weißen und roten Männern. Die ersten Europäer, die an der Ostküste Nordamerikas landeten und siedelten, wurden von den Indianern freundlich aufgenommen.

Oft hätten die Kolonisten ohne Hilfe der Eingeborenen nicht einmal ihren ersten Winter in der Neuen Welt überstanden.

Aber bald sahen sich die indianischen Stämme in den großen Waldgebieten nahe der Atlantikküste von ihren Lagerfeuern vertrieben und lernten es bedauern, daß sie gute Gastfreundschaft mit den Bleichgesichtern gehalten hatten.

Wo sind die Algonquin, die Muskhogean und die Schoschonen? Wo die Chippewas, die Menominees und Winnepagos? Die Mohikaner, Delawaren, Objibwas, Erie, Huronen und Cobestogas — ausgelöscht ohne Spur! Was blieb von den Fünf Nationen der Irokesen, der Mohawks, Oneidas, Cayugas, Onondagas, Senecas und Tuscaroras? Wer weiß noch, daß sie mit ihrem Staatsrecht die Verfassung der USA beeinflußten?

Tausende der Nachfahren der immer wieder betrogenen und entrechteten Waldindianer stahlen sich schweigend über nur ihnen bekannte Pfade aus der alten Heimat davon oder ruderten in kleinen, wendigen Birkenkanus über die unzähligen Wasserwege nach Westen.

Nachdem sie die Großen Ebenen erreicht hatten, wurden sie Reiter auf flinken Ponys. Ihre Hütten und Langhäuser wurden zu Zelten. Sie trieben nicht länger Ackerbau, wie in ihrer ursprünglichen Heimat, sondern wurden Pferdezüchter und Büffeljäger.

Wie jene Stämme, die schon früher in den Großen Ebenen

gewohnt hatten, widersetzten sie sich nun immer hartnäckiger dem weiteren Vordringen der Weißen.

Die ersten Vorboten einer drohenden Eroberung des Landes jenseits des Missouri durch die Bleichgesichter waren die sogenannten „Mountain Men".

Sie kamen einzeln oder in kleinen Trupps zum Biberfang in das Große Felsengebirge.

Wegen einer bestimmten Hutmode herrschte zu Anfang des 19. Jahrhunderts im Osten der USA und in Europa eine große Nachfrage nach Biberpelzen.

Dann aber ging es um Siedlungsland. 1803 schickte der amerikanische Präsident Thomas Jefferson zwei Männer, Merriweather Lewis und William Clark, aus, um einen geeigneten Landweg durch den Wilden Westen zur Pazifik-Küste zu erkunden.

Ein Teilstück der von den beiden Forschern festgelegten Oregon-Trail folgte dem Nördlichen Platte und seinem Nebenfluß, dem Sweetwater, und führte somit durch die besten Jagdgründe der großen Sioux-Nation.

Als dann die ersten Wagen der Pioniere mit den weißen Zeltdächern durch die Prärie rollten, wurden sie häufig von Indianern überfallen. Bis zum Jahr 1841 hatten die weißen Auswanderer gelernt, daß es sicherer war, wenn sie sich einer Wagenkolonne anschlossen.

Die Pionierzüge, die nun der untergehenden Sonne entgegenreisten, bestanden nicht selten aus der Einwohnerschaft ganzer Kleinstädte im Osten der USA, oder sie waren aus Europa herübergekommen und träumten von einem Paradies im Westen, von einem Gelobten Land.

Den Indianern brachten sie als Geschenk die Cholera und andere epidemische Krankheiten mit.

1849 wurde in Kalifornien Gold entdeckt. Ein Fieber durchzuckte Amerika.

Die Wagenspur durch die Wildnis verwandelte sich in Kürze in eine allbekannte, von Reisenden und Glücksrittern überschwemmte Landstraße.

Um diese Zeit dürften auf den Großen Ebenen westlich des Mississippi jährlich zwanzig Millionen Büffel gegrast haben.

Fünfzig Jahre später waren davon nur noch ein paar hundert Tiere übrig geblieben.

Für die Prärieindianer bedeutete die Ausrottung der Büffel durch weiße Jäger, Siedler und mutwillige Schlächter das Ende ihrer Lebensgrundlage.

Büffelfleisch diente ihnen als Hauptnahrungsmittel. Aber der Büffel versorgte sie auch noch mit vielen anderen nützlichen Gegenständen. Aus seinen Hörnern wurden Klebstoff, Löffel, Teller und Trinkgefäße hergestellt. Das Fell des Tieres diente als Zeltbahn, konnte aber auch zu Bettdecken, Beinkleidern, Mocassins, Schilden, kleinen Booten und Tragsäcken verarbeitet werden. Aus den Knochen des Tieres fertigte man Nadeln, Ahlen, Schlitten, Keulen und Äxte. Die Schwänze fanden als Fliegenwedel Verwendung. Der große Schädel wurde präpariert und zu einer Maske umgearbeitet, die bei zeremoniellen Tänzen getragen wurde.

Was Wunder, daß die roten Männer und Frauen, die von einer Hügelkuppe herab den knarrend dahinschleichenden Ochsengespannen der Siedler nachblickten, Zorn und Furcht empfanden.

Nach den Wagen der Pioniere kamen die Bautrupps der Telegraphengesellschaften und die Streckenleger der Eisenbahngesellschaften. Und alle machten sie Lärm, wollten Land, verjagten die Herden oder schlachteten sie ab.

Während so die Situation für die Indianer auf den Prärien immer bedrohlicher wurde, wuchs im Osten der USA ein kleiner lockenköpfiger Junge mit Sommersprossen, einer scharf gebogenen Nase und funkelnden blauen Augen heran.

George Armstrong Custer wurde am 5. Dezember 1839 in einem zweistöckigen Haus in dem Weiler New Rumley bei Scio im Staate Ohio geboren. Ein Onkel des Vaters hatte die kleine Siedlung in dem grünen Hügelland gegründet. Emanuel Custer betrieb in dem Ort, der nur aus einer Straße bestand und in dem es weder ein Postbüro noch einen einzigen Laden gab, eine Schmiede. Emanuel Custer hatte zweimal geheiratet. Seine erste Frau war 1835 gestorben und hatte ihm drei Kinder hinterlassen. Kaum ein Jahr später heiratete er die Witwe Maria Kirkpatrick, die zwei Kinder mit in die Ehe brachte und ihrem zweiten Mann im Laufe der Jahre sieben weitere Kinder gebar. Die ersten beiden starben früh. Das dritte, George Armstrong Custer, blieb am Leben und wurde der Liebling der Eltern und der älteren Brüder und Schwestern. 1845 wurde Tom geboren. Sechs Jahre jünger als der sommersprossige „Autie", wie Armstrong genannt wurde, machte er alles nach, was er bei seinem großen Bruder sah, eine Angewohnheit, die er Zeit seines Lebens nie ganz ablegen sollte.

Emanuel Custer war so wild und übermütig wie seine Söhne. Er balgte sich mit ihnen herum und liebte es, ihnen derbe Streiche zu spielen. Er nahm es nicht übel, wenn ihm seine Kinder Gleiches mit Gleichem vergalten. Disziplin und Autorität wurden in dieser Familie nicht groß geschrieben, aber Eltern und Kinder hielten — und das ein Leben lang — wie Pech und Schwefel zusammen.

Der Vater war in der Gemeinde ein geachteter Mann. Er trank nicht, spielte nicht Karten und rauchte „Tabak nur in der Pfeife". Seine einzigen Schwächen waren seine laute Stimme und seine Schwatzlust. Er diskutierte gern heftig über politische Ereignisse und war dafür bekannt, in der Kirche lauter zu singen als jedes andere Gemeindemitglied. Er brachte es nie zu Reichtümern, aber er besaß genug, um ein unabhängiges und selbstgenügsames Leben zu führen, und darauf war er stolz. Mit neun Jahren kam Armstrong zu einem Kunsttischler nach Cadiz, der Hauptstadt des Counties (Landkreises), in die Lehre.

Die Kleinstadt, auch im Hügelland gelegen, strahlte eine Atmosphäre von gediegenem Wohlstand aus. Hier gab es Bauten aus Ziegelsteinen. Der Junge hörte zum erstenmal die Geräusche einer Druckpresse, roch den scharfen Dunst,

15

der von den Gerbereien herüberwehte, sah das unheimliche Feuerspiel der Schmelzflüsse in einer Eisengießerei. Aber die Eltern waren mit seinem Lehrherrn nicht zufrieden. Als Zehnjähriger wurde Armstrong deshalb zu seiner Halbschwester Lydia geschickt, die in Monroe, Michigan, mit einem gewissen David Reed verheiratet war.

Monroe war zwar auch eine Kleinstadt mit weniger als viertausend Einwohnern, aber doch sehr verschieden von den Orten, die der Junge in Ohio kennengelernt hatte. Sie war enger mit der großen Welt verbunden. Dampfschiffe legten hier an. Es gab eine Eisenbahnstation.

Armstrongs neuer Vater, David Reed, betrieb ein Fuhrunternehmen. Er besaß viele Pferde und war immerhin so wohlhabend, daß er Geld gegen Zinsen verleihen konnte. Im Haus der Schwester blieb Armstrong fünf oder sechs Jahre. Einmal in dieser Zeit kam ihn der Vater besuchen. Es war ein langer, beschwerlicher Weg durch das Gebirgsland von Ohio herüber. Man war zu Fuß zehn Tage unterwegs, und wenn man so redselig war wie Emanuel Custer, wurde man leicht in ein politisches Streitgespräch verwickelt. Viele Farmer dieser Gegend neigten der neuen Republikanischen Partei zu, die für die Einschränkung oder gar für die Abschaffung der Sklaverei eintrat. „Wollt ihr etwa, daß eure Tochter einen Nigger heiratet?" fragte Emanuel Custer. Und die Diskussion, die darauf einsetzte, konnte sich gut und gern über zwei oder gar drei Tage hinziehen.

Mit der Schulbildung des jungen Armstrong stand es nicht gerade zum besten. Die Zeugnisse in Ohio und Michigan erwähnen, daß er häufig schwänzte. Und interessanter als den Geographieunterricht fand er die Kriegsheftchen eines Charles Lever, die er heimlich unter der Bank las.

In Monroe begann er, sich für Mädchen zu interessieren. Er hatte Freundinnen in Michigan und Ohio. Die Mädchen mochten den Lockenkopf. Eine Verabredung mit Autie zu haben galt als aufregend. Er hielt die Gesellschaft am Lachen und ließ sich immer einen verrückten Spaß einfallen. An

16

einem schönen Wintertag, als er auf Besuch bei seinen Eltern in New Rumley war, beschlossen er und sein Freund Joe Dickenson, mit einigen Mädchen eine Schlittenfahrt zu unternehmen. Man stellte den Aufsatz eines Kastenwagens auf einen Schlitten, packte das Gefährt voller Stroh, hüllte die Freundinnen in warme Büffeldecken — und ab ging's! Auf dem Bock saß Joe, und Autie hatte es sich hinten unter den kichernden Mädchen bequem gemacht. Joe beschloß, es dem Freund einmal heimzuzahlen. Er trieb die Pferde wild an, und an einer Straßenbiegung ließ er die Fuhre in einer großen Schneewehe landen. Aber Joe hatte wieder einmal das Nachsehen. Während er rasch wieder auf den Beinen war, um die durchgehenden Pferde einzufangen, balgte sich Autie seiner Meinung nach verdächtig lange in dem Durcheinander von rosigen Wangen, strampelnden Beinen und stäubendem Schnee herum.

Neben all solchen Späßen begann der Junge sich nun doch um seine Zukunft Sorgen zu machen. Er war ehrgeizig. Schmied zu werden — wie sein Vater und dessen Vater —, so erklärte er, komme für ihn nicht in Frage. Um seine Bildungslücken auszugleichen, ging er noch einmal zur Schule und nahm auch an den damals allgemein beliebten Buchstabierwettbewerben teil, bei denen man seine Rechtschreibkenntnisse unter Beweis stellen konnte. Einer seiner Klassenkameraden versuchte, ihn bei der Endausscheidung dadurch abzulenken, daß er draußen vor der Fensterscheibe im Hof Grimassen schnitt. Armstrong zögerte keinen Augenblick. Er zertrümmerte mit der Faust die Scheibe und versetzte dem Jungen einen Schlag auf die Nase.

Im Sommer 1856 treffen wir Armstrong als Aushilfslehrer in einem Schulhaus mit nur einem Zimmer in Locust Grove in Ohio wieder. Seinen ersten Monatslohn, 28 Dollar, lieferte er seiner Mutter ab. Im November dieses Jahres ist er Lehrer in einem anderen kleinen Nest. Hier bekommt er im Monat zwei Dollar extra, wenn er bereit ist, das Feuerholz für die Schulstube zu hacken.

Er muß ein netter Lehrer gewesen sein, der sich mit den Jungen herumbalgte, den Mädchen bei Schneeballschlachten mit Schnee das Gesicht einrieb und zu Beginn des Unterrichts immer Akkordeon spielte.

Ein Lehrer war damals alles andere als angesehen. Vor allem auf dem Land war den Leuten dazu jeder recht, der auch nur einigermaßen dazu in der Lage war, den Kindern Lesen, Schreiben und die Grundrechnungsarten beizubringen.

Armstrong dachte nicht daran, sein ganzes Leben Hilfslehrer zu bleiben. Aber ein angesehener und gut bezahlter Beruf setzte eine gute Ausbildung voraus, ein Studium an einem College oder einer Universität. Das kostete Geld, viel Geld, und er war arm.

Als Ausweg bot sich die Militärakademie von West Point an, die Berufsschule für das amerikanische Offizierskorps. In West Point war die Ausbildung kostenlos. Allerdings mußte man, um dort aufgenommen zu werden, entweder aus einer bekannten Familie stammen oder einen einflußreichen Bekannten haben, der Politiker war.

Weder die Custers noch Armstrongs Pflegeeltern, die Reeds, waren besonders angesehen, noch hatten sie Beziehungen zu einflußreichen Persönlichkeiten.

Der einzige Politiker von Rang und Namen, den Armstrong wenigstens vom Sehen kannte, war der Abgeordnete John Bingham. Bedauerlicherweise vertrat der ganz andere Ansichten als die, für welche man sich bei der Familie Custer ereifern konnte.

Er war gewählt worden, weil er dafür eingetreten war, daß in den neuen Territorien der USA die Sklavenhaltung verboten sein sollte.

Die Custers aber waren der Meinung, daß die Sklaverei eine gottgewollte Einrichtung sei und man die verdammten Nigger auf ihrem Platz halten müsse, wie die entsprechende Redensart lautete.

Trotz solcher Meinungsunterschiede schrieb Armstrong an

Bingham und bat ihn um eine Unterredung beim nächsten Besuch in seinem Wahlkreis.

Das Gespräch kam zustande, und Bingham war von der Offenheit und wohl auch von dem Ehrgeiz des jungen Mannes beeindruckt. Er empfahl ihn für die Militärakademie. Als der Bestätigungsbrief aus West Point eintraf, stand Armstrong Custer kurz vor der Verlobung mit Mary Holland. Er hatte dem Mädchen überschwengliche Liebesgedichte geschrieben, aber der Vater, ein reicher Farmer, war gegen die Verbindung mit diesem Habenichts.

West-Point-Kadetten durften während ihres fünfjährigen Studiums nicht heiraten. Armstrong entschied sich gegen das Mädchen und für West Point.

Dann trat er die große Reise an: bis nach Albany mit der Eisenbahn, dann weiter mit dem Dampfschiff, den Hudson hinauf. An Bord traf er andere junge Männer, die ebenfalls zu dieser Militärschule fuhren.

„Wir werden alle als Generäle enden", sagte einer von ihnen prahlerisch.

„Gewiß", erwiderte ein anderer boshaft, „in einem Sarg, sechs Fuß unter der Erde."

Die Ausbildung an der Akademie war streng. Es erwies sich, daß Armstrong viel Wissen und Lehrstoff nachholen mußte. Hinzu kam der Standesunterschied zwischen den meisten seiner Kameraden und ihm. Sie — aus Familien mit klangvollen Namen. Er — ein Hinterwäldler. Mehrmals drohte ihm der Ausschluß, weniger wegen mangelhafter Leistungen als wegen seiner Lust, hin und wieder über die Stränge zu schlagen. Bei all dem wuchsen sein Ehrgeiz und sein Geltungsbedürfnis.

Im Mai 1861 bestand er das Abschlußexamen. Der Bürgerkrieg zwischen Norden und Süden zog schon herauf. Ein Studienjahr war den Kadetten geschenkt worden. Man würde bald hier wie dort viele junge Offiziere brauchen. Noch in den letzten Tagen in West Point ereignete sich ein Zwischenfall, der Custer vor das Kriegsgericht brachte und beinahe seiner weiteren Laufbahn als Berufsoffizier ein Ende gesetzt hätte. Am Abend des 29. Juni 1861 kam es unter neuangekommenen Kadetten zum Streit, der in einen Boxkampf zwischen zwei von ihnen ausartete. Statt einzuschreiten, rief Custer: „Laßt sie einen fairen Kampf austragen."

Der Wachoffizier kam herbei und stellte Armstrong unter Arrest, weil er als Rangältester in der Runde nichts unternommen hatte, um die Schlägerei zu beenden. Die Sache war eine Lappalie, aber Disziplin wurde in West Point groß geschrieben. Ein Gerichtsverfahren wurde anberaumt, bei dem Custer sich für schuldig bekannte. Freunde verwendeten sich beim Kriegsminister für ihn. So konnte er schließlich doch noch nach Washington reisen. Er wurde General Scott zugeteilt, der, nach Ausbruch der Feindseligkeiten zwischen den Nord- und Südstaaten, alle Hände voll zu tun hatte, einen Angriff des Südens auf die Hauptstadt der Union abzuschlagen.

Im Bürgerkrieg machte Custer rasch Karriere. Mit 23 war er Brigadekommandeur, mit 24 Jahren Generalmajor. Der „Knaben-General", waghalsig und verwegen, aber auch eitel und ehrgeizig, war in aller Munde, ein Kriegsheld, Idol aller guten Patrioten in den Nordstaaten. Seine Kollegen in der Armee hingegen waren ganz und gar nicht so begeistert von ihm. Neid spielte dabei gewiß eine Rolle. Genau betrachtet waren seine Erfolge tatsächlich durch einen Wagemut bedingt, den man auch ebensogut als sträflichen Leichtsinn bezeichnen könnte. Immer häufiger verließ Custer sich auf sein Glück, das geradezu sprichwörtlich wurde. Custers Glück! Das war ein Stichwort, das in der Öffentlichkeit umlief, an das er glaubte. Welche Strapazen er dabei seinen Untergebenen zumutete, wie leichtsinnig er häufig das Leben seiner Reiter aufs Spiel setzte, davon drang wenig bis an das Ohr der guten Patrioten in den großen Städten des Nordens.

Im Februar 1864 hatte er Libbie Bacon, die Tochter eines Richters aus seiner zweiten Heimatstadt Monroe, geheiratet. Auch das war ein Erfolg, denn Richter Bacon gehörte zu den vornehmen Leuten der Kleinstadt. Zunächst hatte er nichts davon wissen wollen, daß seine Tochter den Sohn eines Hufschmieds zum Mann nahm, denn auch in Amerika gab es Standesunterschiede. Aber Armstrongs stürmische und hartnäckige Werbung, bei der ihm sein Charme viel half, wohl auch sein Ansehen als bejubelter General, hatten Libbies Vater schließlich zustimmen lassen. Als die Südstaaten kapitulierten, war es Generalmajor Armstrong Custer, der die Kriegsfahne der Konföderierten in Empfang nahm.

Mit diesem Krieg und in diesem Krieg hatten sich alle Träume des jungen Armstrong Custer erfüllt.

Der Frieden kam, und plötzlich wurde alles schwierig. Die Ausgaben für die Armee wurden eingeschränkt. Ruhm von gestern war heute nichts mehr wert. Fast alle Offiziere in der Armee der Union wurden in ihrem Rang zurückgestuft; man mußte bei den Personalkosten sparen. Custer, der gewohnt gewesen war, seinen Namen tagtäglich in allen Zeitungen des Landes erwähnt zu finden, geriet in Vergessenheit. Als er im Frühjahr 1866 nach Washington zurückkehrte, um sich dort um einen Posten im diplomatischen Dienst zu bewerben, mußte er einsehen, daß ohne einflußreiche Gönner unter den Politikern niemand mehr etwas von ihm wissen wollte. Aus der diplomatischen Laufbahn wurde nichts. Er kaute an der Wut eines Soldaten, der gut genug gewesen war, in Notzeiten die Kastanien aus dem Feuer zu holen, dem man im Frieden die kalte Schulter zeigt.

Custer konnte froh sein, schließlich das Patent eines Oberstleutnants zu ergattern.

Ein bitterer Abstieg. Zudem schickte man ihn nun in den Wilden Westen, der damals in der Armee als das „Sibirien Amerikas" galt. Er reiste ab mit drei Reitpferden, einem Windhund, der auf den Namen „Byron" hörte, einer weißen Bulldogge und mehreren Spürhunden.

Er hatte sich vorgenommen, dem langweiligen Alltag auf einer Garnison in Kansas so oft wie möglich zu entfliehen und sich bei der Jagd zu vergnügen. Seine Frau Libbie begleitete ihn. Sie wiederum nahm eine Schulfreundin mit, die sich wahrscheinlich erhoffte, unter den Offizieren einen Ehemann zu finden. Zum Hausstand der Custers gehörten außerdem noch ein Jockey und die schwarze Köchin Eliza.

Die Strecke der Union Pacific Eisenbahn endete damals zehn Meilen vor Fort Riley, wo Custers Einheit, das 7. Kavallerie-Regiment, aufgestellt wurde. Für das letzte Stück benutzte man einen Planwagen.

Als das Gefährt aus dem Tal des Kaw in die offene Ebene einbog, waren die Frauen von dem Anblick, der sich ihnen bot, ziemlich enttäuscht. Das Fort war ein viereckiges kremfarbenes Steingebäude. In der Umgebung dehnte sich, so weit das Auge reichte, Grasland aus, ein Ozean aus Gras, rot-gelb jetzt im November. Keiner der Reisenden hatte so etwas je gesehen. Armstrong, in optimistischer Stimmung, fand das Panorama grandios. Libbie pflichtete ihm schließlich als ergebene Ehefrau bei, aber ihr Enthusiasmus bekam einen Dämpfer, als sie die Offiziersquartiere betrat. Es sah dort aus wie in einer Scheune. Später lernte sie den Wind hassen, der ständig feinen Sand ins Haus wehte, der sich auf den Lebensmitteln und im Bettzeug festsetzte.

Custers Ärger begann, als er seine Offizierskollegen kennenlernte. Es waren Männer, die in der Armee untergekrochen waren, weil sie es in anderen Berufen zu nichts gebracht hatten. Hinzu kam bei den meisten der Groll darüber, trotz ihrer Verdienste im Bürgerkrieg nun zurückgestuft worden zu sein. Ein ehemaliger Brigadegeneral mit ehrenvoller Erwähnung im Heeresbericht war nun Hauptmann. Ein anderer Offizier, Frederick Benteen, ein mürrischer, sarkastischer Bursche, war seit 1861 nicht mehr befördert worden und wohl nur immer noch in der Armee, weil er fand, so verdiene er am bequemsten seinen Lebensunterhalt. Er war sechs Jahre älter als Armstrong, hatte längst alle Träume von Ruhm und Ehre begraben, tat, was die Dienstvorschrift verlangte, aber keinen Handgriff mehr. Er und Custer konnten sich vom ersten Augenblick an nicht ausstehen.

Es kam zu unliebsamen Zwischenfällen. Einmal hatte Custer Schwierigkeiten, weil er sich angeblich unerlaubt von seiner Truppe entfernt hatte. Dann verfiel einer seiner Stabsoffiziere, dessen Frau im Osten zurückgeblieben war und ein Kind erwartete, mehr und mehr der Trunksucht und beging schließlich Selbstmord. Hier im Westen mußte man mit übelriechenden Indianerhäuptlingen bei Verhandlungen über unsinnige Verträge die Friedenspfeife rauchen, was Custer lächerlich fand, und sich mit Rekruten herumärgern, die eigensinniger waren als Maultiere.

Gewiß, man konnte seiner Jagd- und Pferdeleidenschaft frönen. Aber alles in allem fehlte es diesem Leben am Kitzel der Gefahr und am Glanz des Außergewöhnlichen. Hier war wohl kaum Ruhm zu ernten.

Die Wende kam erst, als General Sheridan den bisherigen, wenig erfolgreichen Oberbefehlshaber in den Großen Ebenen, Hancock, ablöste und ein energisches Vorgehen gegen die ewig unruhigen Cheyennes befahl.

Sheridan und Custer waren alte Bekannte. Unter Sheridan hatte Custer im Bürgerkrieg im Tal des Shenandoah gekämpft. Mit dem „kleinen Phil", wie der General wegen seiner geringen Körpergröße genannt wurde, hatte Armstrong nach dem Bürgerkrieg noch einen letzten Ritt gegen versprengte Rebellen in Texas unternommen. Sheridan war der Meinung, wenn man mit den Indianern fertig werden wolle, müsse die Armee weitreichendere Kompetenzen erhalten. Überhaupt müsse viel härter durchgegriffen werden.

„Je mehr Indianer wir in diesem Jahr zur Strecke bringen", erklärte er bei Antritt seines neuen Kommandos, „desto weniger werden uns im nächsten Jahr Ärger bereiten. Je mehr ich von den Indianern sehe, desto entschiedener bin ich davon überzeugt, daß wir sie entweder alle töten oder aber sie als Arme der Nation werden mit durchschleppen müssen."

Bald gab es keinen Zweifel, welcher Lösung er persönlich den Vorzug geben würde.

3. Gegen die Cheyennes

Die Kämpfe zwischen den Cheyenne-Indianern und den weißen Männern hatten schon 1864 mit einer scheußlichen Bluttat begonnen.

Nordöstlich von Fort Lyons in Colorado erstreckte sich zwischen der Landschaft der Großen Ebenen und der Kette der Rocky Mountains ein breiter Streifen zerklüfteten, unfruchtbaren Landes, das mit Sagebrush und Soapweed, einem im Westen weitverbreiteten Unkraut, überwuchert war.

Diese Gegend galt seit Jahren als das bevorzugte Winterlager der Südlichen Cheyennes.

Im Herbst 1864 standen am weiten Flußbogen des Sand Creek, nur dreißig Meilen von dem Fort entfernt, viele Hunderte von Zelten.

Es waren die Dörfer der Häuptlinge Black Kettle, White Antelope und War Bonnet.

Unter den Planen aus dicken Büffelhäuten ließ es sich auch bei strengem Frost aushalten, und Wild gab es damals in dieser Gegend noch in Hülle und Fülle. Das Winterlager war für die Cheyennes eine glückliche und sorgenfreie Zeit.

Daß sie mit den Weißen in Frieden lebten, war vor allem ihrem Häuptling Mo-ke-ta-va-ta (Schwarzer Kessel) zu verdanken, der es verstanden hatte, selbst bei provozierendem Benehmen weißer Rowdies seine Krieger im Zaum zu halten.

Erst im August des Jahres 1864 hatte der Häuptling an Major Colley in Fort Lyons einen Brief geschrieben, in dem es hieß: „Wir erhielten ein Schreiben von Bent, der uns auffordert, den Frieden mit Euch zu bekräftigen. Wir haben beraten und sind zu dem Entschluß gekommen, so zu verfahren. Nur wäre es nötig, daß der Weiße Mann auch mit unseren Brüdern, den Kiowas, den Comanchen, Apachen und Sioux, Frieden schließt. Wir erwarten darüber von Euch zu hören . . ."

Bei jenem Bent, der in diesem Brief erwähnt wird, handelte es sich um William Bent, der zusammen mit Ceran St. Vrains das berühmte Bent's Fort errichtet hatte, einen Handelsposten, der vor allem von Pelztierjägern besucht wurde und zunächst an der Stelle stand, an der später das Fort Lyons errichtet wurde.

Bent war es, der mit den Südlichen Cheyennes verhandelt und sie vor einiger Zeit in diese Gegend geholt hatte. Seine Frau gehörte zu diesem Stamm. Er stand bei ihnen in hohem Ansehen. Einer seiner Söhne, George Bent, lebte bei den Indianern, und er war es auch, der nach Diktat des Häuptlings Schwarzer Kessel den oben zitierten Brief geschrieben hatte.

Kurze Zeit darauf reisten Schwarzer Kessel, Weiße Antilope und andere Häuptlinge zu einem Gespräch mit Gouverneur Evans nach Denver. Dort wurde vereinbart, sie sollten am Sand Creek ständig Lager beziehen. Dort würden sie unter dem Schutz der amerikanischen Armee stehen, solange sie mit den Weißen Frieden hielten.

Die Cheyennes hatten allen Grund, diesem Abkommen zu trauen. Um ihre guten Absichten unter Beweis zu stellen, hatten sie sogar die Hälfte aller Feuerwaffen in Fort Lyons abgeliefert und nur so viele Gewehre behalten, wie sie zur Jagd unbedingt brauchten. Im Flußgebiet des Platte und des Arkansas, etwas weiter nach Norden, gab es in diesen Jahren viel Unruhe.

Die Sioux und Kiowas, unterstützt von ihren alten Verbündeten, den Comanchen, Arapahoes und einigen Cheyennes-Gruppen, lauerten den Wagenzügen nach Westen auf, so daß zeitweilig der Verkehr ganz eingestellt werden mußte. Auch waren einige alleinwohnende Siedler überfallen und getötet worden.

In Denver war man aufgebracht über die Indianer. Auf

der anderen Seite hatten auch die roten Völker genügend Grund zu Klagen.

Da gab es einen durch nichts provozierten Angriff des Leutnants George Eayre gegen ein Cheyenne-Dorf, bei dem zahlreiche Indianer umkamen.

Da gab es andere Verbrechen ähnlicher Art, die ebenfalls eindeutig auf das Schuldkonto der Weißen gingen. Schließlich beklagten sich die Indianer auch immer wieder darüber, daß die Büffelherden von den Wagenzügen vertrieben wurden.

Aber die Weißen an der Grenze waren kaum je bereit, sich einmal in die Situation der Indianer zu versetzen.

Im Gegenteil, es gab in Colorado nicht wenige Weiße, denen die auf Verhandlungen ausgerichtete Politik der Armee — immerhin wurde im Osten noch der Bürgerkrieg ausgefochten — nicht paßte.

Nun bestand in Colorado auch noch eine Miliz, und diese Bürgerwehr beschloß, auf eigene Faust an den Cheyennes ein Exempel zu statuieren.

So ritt an einem Tag im November 1864 eine lange Reiterkolonne in die Wildnis. Man hatte zuvor ein Indianerhalbblut entführt. Er sollte die Truppe zu den Indianerdörfern führen.

Gegen Abend gab es an der Spitze des Zuges einen Tumult. Der Befehlshaber, Oberst J. M. Chivington, ritt nach vorn, um nachzuschauen, was los sei.

Er sah, daß einer seiner Männer die Zügel des Pferdes, das der Halbindianer Jack Smith ritt, an seinem Sattelknauf festknotete.

„Der Bursche will nicht mehr weiter", erklärte der Soldat.

„Jack, nimm Vernunft an", rief der Oberst dem Halbindianer zu, „wir machen sonst kurzen Prozeß mit dir."

Dabei schlug er mit der Reitgerte gegen seine Pistolentasche.

Smith wußte: Das war keine leere Drohung. Er dachte auch an den Adjutanten des Milizkommandeurs, Major

Downing, der sich zu rühmen pflegte, er könne aus einem gefangenen Indianer jede Information herauspressen, wenn nicht anders, so dadurch, daß er ihm über einem kleinen Feuer die Fußsohlen ansengen lasse.

Bedrückt ritt Smith wieder zu. Die Truppe blieb die ganze Nacht über im Sattel. Bei Tagesanbruch des 29. November erreichte man eine Erhebung, von der aus man auf einen Fluß, der nur wenig Wasser führte, hinabsah. An seinen Ufern lag ruhig und friedlich ein Indianerdorf.

Eine Squaw im Lager hatte das Geräusch der Hufe gehört und geglaubt, eine Büffelherde komme vorbei.

Die Indianer rannten aus ihren Zelten und erkannten statt dessen Soldaten zu Pferde oben auf dem Höhenzug.

Ein weißer Händler, der im Dorf übernachtet hatte, kam aus einem Tipi hervor und lief den Soldaten entgegen.

Gleichzeitig hißte Schwarzer Kessel auf seinem Zelt eine amerikanische Flagge. Das hatte man ihm in Fort Lyons geraten, um Ortsfremden zu verstehen zu geben, daß man hier friedfertige Indianer vor sich habe.

Die Cheyennes waren immer noch völlig davon überzeugt, daß ihnen nichts geschehen werde. Neugierig zum Hügel hinaufsehend, drängten sie sich vor ihren Zelten zusammen.

Dann fiel ein Schuß. Darauf zwei, drei Schüsse. Der Händler, der sich jetzt zwischen dem Lager und dem Hügel befand, blieb stehen. Ein Reiter, der auf ihn zugaloppierte, stürzte getroffen aus dem Sattel. Darauf griff die Milizeinheit unverzüglich an. Es wurde ein Massaker. Die Indianer, aufgeregt und nur teilweise bewaffnet, wollten es zuerst einfach nicht glauben, daß die weißen Männer den Kampf suchten. Aber als sie begriffen, was ihnen drohte, setzten sie sich verzweifelt zur Wehr.

Nach der ersten Salve, die viele Frauen und Kinder traf, rannten die Cheyennes zum Flußbett.

Eine Abteilung der Miliz bemächtigte sich der Ponyherden.

Einzelne Krieger blieben im Lager, um die Flucht der Frauen und Kinder zu decken. Unter ihnen befanden sich auch Schwarzer Kessel und der alte Häuptling Weiße Antilope, ein Mann von 75 Jahren. Als Schwarzer Kessel einsah, daß das Dorf nicht zu halten sein würde, drängte er Weiße Antilope, mit ihm zu fliehen. Aber der Alte blieb. Er verschränkte stoisch die Arme vor der Brust und stimmte einen Todesgesang an. Einen Augenblick später traf ihn eine Kugel der Miliz.

Auch die anderen Krieger, die zwischen den Zelten ausgeharrt hatten, waren bald niedergestreckt. Chivington hatte das Dorf in seiner Gewalt.

Aber eine dreiviertel Meile flußaufwärts gruben die Cheyennes, die entkommen waren, Schützenlöcher und errichteten dort eine Verteidigungsstellung, hinter der die Frauen und Kinder sich angstvoll zusammenkauerten oder flach auf den Boden warfen. Die Milizsoldaten waren ausgeschwärmt. Sie plünderten die Zelte, versetzten Verwundeten im Dorf den Todesstoß, nahmen Skalps und begingen Scheußlichkeiten, die so abstoßend sind, daß man sie nicht schildern kann.

Im Flußbett unten kämpften die Cheyennes mit verzweifelter Hartnäckigkeit. Der Schußwechsel spielte sich über eine ziemliche Entfernung hin ab. Die Miliz vermochte die Indianer nicht auseinanderzutreiben. Am Mittag wurden zwei Haubitzen herangezogen, die die Stellungen der Cheyennes unter Beschuß nahmen.

Die Indianer räumten die vordere Stellung, ließen ihre Toten zurück, hielten aber eine weiter zurückliegende Kampflinie. Chivington zog wieder seine Haubitzen nach, gegen die alle Tapferkeit sinnlos war. Der Kampf hielt den ganzen Tag an und zog sich über eine Strecke von fünf Meilen hin.

Als die Sonne unterging, befahl Chivington, Jack Smith, den unwilligen Scout, zu erschießen. Jetzt begehrten selbst die hartgesottenen Milizsoldaten auf. Sie baten für den armen Burschen um Gnade. Chivington erwiderte nur: „Ich habe einen Befehl gegeben. Mehr ist dazu nicht zu sagen."

Eine halbe Stunde später war Jack Smith tot.

Nur sieben Gefangene — zwei Frauen und fünf Kinder — nahm der Milizkommandeur mit nach Denver zurück. Er hatte andere Trophäen, mit denen er beweisen konnte, wie gründlich er die Cheyennes gezüchtigt hatte.

In der Pause der Theatervorstellungen konnten die Bürger von Denver hundert Indianerskalpe besichtigen. Insgesamt aber waren über dreihundert Indianer umgekommen. Fünfundsiebzig davon waren Krieger, die anderen Frauen und Kinder.

Die Cheyennes vergaßen diesen schändlichen Überfall nie, und in den folgenden Jahren nahmen sie dafür bittere Rache.

Nach der Bluttat von Sand Creek reiste eine Gruppe von Cheyenne-Häuptlingen nach Norden. Sie trugen die Kriegspfeife bei sich. Sie rauchten sie mit ihren Brüdern, den Nördlichen Cheyennes.

Sie rauchten sie mit einem Mann, der damals bei den Sioux immer mehr zu Ansehen gelangte: Sitting Bull. Langsam begann sich eine große Allianz zu formieren. Unterdessen aber zahlten es die Cheyennes den Bleichgesichtern im Süden heim.

Überfälle der Indianer auf Wagenzüge der Armee und abgelegene Siedlungen des weißen Mannes rissen in den Jahren nach dem Massaker am Sand Creek nicht ab. Allein im Sommer des Jahres 1868 wurden innerhalb von sechzig Tagen 117 weiße Siedler ermordet und sieben weiße Frauen verschleppt.

Die Cheyennes erwiesen sich als Meister in einer beweglichen Kriegsführung, und dieses nervenzermürbende Spiel von Zuschlagen und Davonreiten, Verschwinden und plötzlichem Wiederauftauchen waren die weißen Soldaten zu Anfang noch nicht gewohnt. Als General Phil Sheridan im Sommer 1868 das Oberkommando übernahm, war die Lage vor allem im westlichen Kansas bedrohlich.

Sheridan erkannte bald, daß es völlig sinnlos war, die Indianer mit größeren Armee-Einheiten zu verfolgen. Sie waren mit der Landschaft besser vertraut und konnten sich leicht auch dort Nahrung beschaffen, wo die Soldaten auf Proviantzüge angewiesen waren.

Es gab aber in den Forts zahlreiche erfahrene Wildwest-männer (Abenteurer, Jäger, Büffeltöter, Fallensteller), die es verstanden, einer Fährte zu folgen, zu schießen und sich in der Wildnis zu behaupten. Major George A. Forsyth schlug Sheridan vor, man solle mit ihnen ein Scout-Bataillon aufstellen. Gewohnt an das Leben auf der Prärie, würden sie die Indianer im Stil der Indianer bekämpfen.

Der General war einverstanden, und Forsyth wurde die Aufstellung dieser Truppe übertragen. Es war nicht leicht, die Zahl der Männer auf fünfzig zu begrenzen, denn es gab viele Farmer, die an den Indianern Rache nehmen wollten, weil sie bei den Überfällen Angehörige verloren hatten. Zu ihnen gesellten sich Büffeljäger, Veteranen des Bürgerkrieges, Spieler und Trapper.

Am 10. September 1868 brach Forsyth mit diesem halben Hundert an Männern auf, um das Indianerland zu durch-streifen.

Es war eine lächerlich kleine Streitmacht, aber jeder dieser Scouts war felsenfest davon überzeugt, daß man in der Lage sein werde, auch noch die größte Übermacht in die Flucht zu schlagen.

Die Männer trugen alle einen Siebenschuß-Karabiner über der Schulter, an den Hüften baumelten Revolver. Gekleidet waren diese verwegenen Burschen mit Lederanzügen und unbeschreiblichen Phantasie-Uniformen.

Es war die lässigste, verrückteste, schießwütigste Kompanie von Vogelscheuchen, die je hinter einer Fahne der Vereinigten Staaten hergezogen ist.

Zwei, drei Tage ging es westwärts. Dann stieß man auf eine große Fährte, und Forsyth folgte ihr. Die Spuren, so stellte sich später heraus, rührten von einer Streitmacht der

Indianer unter Pawnee Killer und den Häuptlingen der Cheyennes, Großer Büffel und Weißes Pferd, her.

Die Indianer hatten den Anmarsch des Scout-Bataillons längst entdeckt. Cheyennes und Sioux berichteten später, daß sie ihre Vorbereitungen fast vierundzwanzig Stunden vor dem dann folgenden Kampf zu treffen begannen.

Forsyth, die Nase auf der Fährte, erreichte den Arickaree Fluß. Er hatte ein breites sandiges Bett, durch dessen Mitte sich ein schmaler Wasserlauf dahinschlängelte. Im Flußbett lag eine kleine Insel, auf der wilde Pflaumenbäume standen. An dem Ufer dieses Flusses kampierten die Scouts.

Als es am Morgen des 17. September hell zu werden begann, brachten ein Schuß und der Ruf „Indianer" das Kommando auf die Beine. Mit wehenden Decken und schrillen Schreien ritten acht Krieger auf den Platz zu, an dem die Pferde standen, und versuchten, die Tiere scheu zu machen. Sieben Pferde gingen durch, und die Indianer fingen sie sich. Als sei all das nur ein Vorspiel gewesen, füllte sich dann der ganze Horizont mit wehenden Federhauben, die unter den Strahlen der aufgehenden Sonne leuchteten. Innerhalb von Minuten war die ganze Senke von berittenen Indianern überschwemmt.

Forsyths Männer preschten zu der flachen Insel mitten im Fluß. Dort unter dem Buschwerk der wilden Pflaumen begannen sie in wilder Hast, Schützenlöcher zu graben.

Die Indianer hatten unterdessen beide Ufer besetzt. Ein Krieger auf einem kastanienbraunen Pferd wurde von Forsyth für den berühmten Häuptling „Römernase" gehalten. Auch sein Chef-Scout, Sharp Grover, war dieser Meinung und fügte ehrfürchtig hinzu: „So einen Indianer gibt es nirgends sonst auf den Großen Ebenen."

Aber sie hatten sich getäuscht. Römernase tauchte erst später an diesem Tag auf. Die Indianer machten sich fertig zum Angriff. Die alten Westmänner konnten die verschiedenen Stämme an ihrem Federschmuck unterscheiden. Brûle Sioux waren dabei, Arapahoes und Nördliche wie auch Süd-

Auf dem Weg ins Gelobte Land

liche Cheyennes. Eine schwarze Masse von Frauen und Kindern versammelte sich auf einem Hügel, von dem aus man das Tal übersehen konnte, um das Schauspiel der Schlacht mit anzusehen. Noch heute heißt diese Stelle „Squaw Hügel".

Die Indianer ritten an, das Trommeln der Pferdehufe und die wilden Schreie brandeten wie eine Welle voran. Auf der Insel preßten die Scouts die Zähne aufeinander und starrten über die Läufe ihrer Gewehre hin. Aber nicht ein Schuß fiel. Sie hatten Befehl, abzuwarten, bis die Indianer auf 50 Yards herangekommen waren. Als diese unsichtbare Linie überschritten war, stieß Forsyth nur ein Wort hervor: „Jetzt!"

Eine weiße Wolke brach aus der Insel hervor. Ein Kugelhagel schlug in die Reihen der Indianer ein. Jetzt erwies sich, was die Repetierkarabiner wert waren. Statt einer einzigen Salve, auf die Stille folgte, ritten die Indianer gegen Gewehrfeuer an, das nicht enden wollte. Staunen und Angst erfaßte sie. Wie eine Welle, die sich an einer Klippe bricht, riß die Reiterfront an der Insel auseinander, teilte sich, donnerte zu beiden Seiten im Flußbett davon und verlief sich.

Trotz allem hatte der Angriff nahezu sein Ziel erreicht. Einige Indianer lagen nur wenige Fuß von den Gewehrmündungen entfernt. Und die roten Männer dachten nicht daran aufzugeben.

Die Häuptlinge rissen ihre Pferde herum und sammelten ihre Krieger außer Reichweite der Karabiner wieder um sich. Einige Indianer stiegen ab und schlichen sich zu Fuß heran. Die Prärie nahe dem Fluß war eben, aber südlich der Insel standen ein paar Weidenbüsche. Dort nahmen die Indianer Deckung und arbeiteten sich heran. Die Schüsse zuckten wieder auf, und der Feuerwechsel spielte sich jetzt über eine Entfernung von nur wenigen Yards hin ab. Einige Indianer fielen. Der Rest zog sich zurück.

Die Scouts zählten ihre Verluste. Von den 51 Offizieren und Mannschaften waren 23 tot oder verwundet. Der stellvertretende Kommandeur, Leutnant Beecher, erlag noch am

Abend seinen Wunden. Dr. Moorehead, der Feldscher, starb drei Tage später. Forsyth selbst hatte drei Verletzungen davongetragen.

Römernase war der Schlacht am Morgen fern geblieben. Seine heilige Kriegshaube war beschädigt worden. In einem solchen Fall war es ihm mehrere Tage verboten, Nahrung aus einem eisernen Gefäß zu sich zu nehmen. Aber bei einem Fest, das die Sioux gegeben hatten, aß Römernase Fleisch von einer eisernen Gabel, die ihm eine Squaw hinhielt. Großer Büffel, sein Freund, hatte ihn darauf aufmerksam gemacht und darauf bestanden, daß er sich sofort einer Reinigungszeremonie unterziehen solle. In dieser Nacht aber war man auf Forsyths Trupp aufmerksam geworden, und vor dem Gefecht war dazu keine Zeit mehr geblieben. Deshalb war Römernase bei diesem ersten Angriff nicht mit dabei gewesen. Er hatte erklärt, mit einer beschädigten Kriegshaube und nach einer verbotenen Handlung sei ihm der Tod gewiß. Aber die anderen Cheyennes glaubten, nicht auf ihn verzichten zu können. Am Nachmittag endlich entschloß er sich, in den Kampf zu gehen. Er legte seine Kriegshaube an und bestieg sein Pferd. Mit einer Handbewegung winkte er seine Krieger herbei. Einen Augenblick später griffen sie an. Forsyths Männer kämpften verzweifelt. Römernase brach mit seinem Pferd donnernd über sie herein. Aber unmittelbar vor den Schützenlöchern warf ihn ein Schuß aus dem Sattel. Jack Stilwell und zwei seiner Kameraden hatten sich dort versteckt. Römernases Anhänger verstreuten sich.

Die Stelle, an der Römernase stürzte, lag nahe dem Flußufer. Schmerzverzerrt schleppte sich der Indianer unter die Büsche. Dort fanden ihn seine Leute und trugen ihn fort. Er starb in dem Dorf der Cheyennes noch in derselben Nacht.

Man weiß nicht, wie viele Indianer am Arickaree getötet wurden. Jahre später konnten sich die Cheyennes nur noch an die Namen von sieben Kriegern erinnern, die dort ihr Leben ließen. Forsyth aber schätzte, daß mindestens hundert Indianer erschossen worden seien.

Die Nacht brach herein. Verwundet und fast bewegungsunfähig rief Forsyth seine Männer zusammen. Er erklärte ihnen, in welch verzweifelter Lage sie sich befanden. Hilfe konnte nur aus Fort Wallace kommen, und dieser Ort lag 125 Meilen entfernt. Er fragte, wer sich freiwillig dorthin auf den Weg machen wolle. Die Männer würden zu Fuß gehen müssen. Alle Pferde waren erschossen worden.

Die Antwort machte Forsyth wieder Mut. Jeder war bereit, dieses Todeskommando zu übernehmen. Die Wahl fiel schließlich auf Henry Trudeau, einen alterfahrenen Trapper, und auf Jack Stilwell, einen jungen Mann von 19 Jahren. Gegen Mitternacht schlichen sich die beiden durch das Flußbett und machten sich auf den Weg. Sie hatten ihre Stiefel ausgezogen und sie sich um den Hals gebunden. Falls die Indianer ihre Spuren entdecken sollten, würden sie sie für Fußabdrücke ihrer eigenen Leute halten und ihnen hoffentlich keine Beachtung schenken.

Langsam bewegten sie sich flußabwärts. Irgendwo auf den Klippen des Steilufers lag das Indianerlager. Wo genau, wußten sie nicht. Später berichteten Forsyths Gefährten, das Geräusch der Trommeln und das Geheul der Frauen, die über ihre gefallenen Männer wehklagten, sei auf der Insel zu hören gewesen.

Sich am Ufer vorantastend, legten Stilwell und Trudeau mehrere hundert Yards zurück. Dann krochen sie aus dem Wasser, wobei sie sich an jedem Fetzen Sagebrush und Soapweed festkrallten. Sie kamen nur langsam voran. In den fünf Stunden bis zum Tagesanbruch schafften sie nur zwei Meilen. Dann befanden sie sich in einer trockenen Rinne. Den ganzen Tag saßen sie unter der glühenden Sonne. Jeder Augenblick war voller Spannung. Sie wagten es nicht, ihre Köpfe über die Ebene der Prärie zu heben, aus Furcht, von den Cheyennes entdeckt zu werden. Von der Insel her hörten sie Schüsse und wußten so, daß der Kampf dort wieder aufgeflammt war.

Überall ritten Indianer umher. Ab und zu kam der Hufschlag eines Ponys sehr nahe. Aber wie durch ein Wunder blieben sie unentdeckt.

In der folgenden Nacht versuchten sie, so rasch wie nur irgend möglich weiterzukommen. Solange es dunkel war, rannten sie in Richtung des Forts, ohne einen Indianer zu sehen. Bei Tagesanbruch befanden sie sich in einer Ebene. Sie überlegten, ob sie es riskieren sollten, bei Tageslicht weiterzugehen, legten sich dann aber doch in eine Kuhle, in der sich die Büffel in der regnerischen Jahreszeit im Schlamm wälzten. Etwas Unkraut wuchs am Rand und gab ihnen Schutz.

Zeitig am Vormittag kam eine Gruppe von Cheyennes vorüber und hielt nur einige hundert Meter von ihrem Versteck entfernt. Fast im gleichen Augenblick bewegte sich eine Klapperschlange durch das Gras auf sie zu. Es wäre ihnen an sich nicht schwergefallen, die Schlange zu töten, aber sie fürchteten, damit die Aufmerksamkeit der Indianer auf sich zu lenken. Aber auch wenn die Schlange klapperte, konnten die Indianer Verdacht schöpfen. Immer näher schob sich das Reptil mit seinem flachen, häßlichen Kopf auf die beiden Männer zu.

Sie hatten die Wahl, sich entweder von der giftigen Schlange beißen zu lassen oder von ihren Feinden entdeckt zu werden. Jack Stilwell hatte einen rettenden Einfall. Wie viele der Wildwestmänner kaute er Tabak. Er hatte den Mund voller Tabaksaft. Als die Schlange nahe kam, spie er ihr den Saft auf Kopf und Augen. Erschreckt zuckte die Schlange zurück und nahm einen anderen Weg. Kurz darauf zogen auch die Indianer weiter, ohne etwas von dem Kampf mit der Schlange zu ahnen, der sich in ihrer unmittelbaren Nähe abgespielt hatte. Sobald es dunkel wurde, brachen die Scouts wieder auf. Bis zum nächsten Morgen kamen sie ein gutes Stück voran. Trudeau war ein alter Mann. Er wurde rasch müde. Stilwell mußte ihn stützen. So schleppten sie sich voran. Als sie schon meinten, nicht mehr weiter zu können, rief Trudeau aus: „Beim Donner, eine Straße!"

Und tatsächlich: Sie hatten die Regierungsstraße, die nach Fort Wallace führte, erreicht. Es dauerte nun nicht mehr lange, und sie konnten ihre Nachricht überbringen.

Unterdessen hatten in der zweiten Nacht zwei andere Männer — Pliley und Donovan — die Gruppe um Forsyth verlassen. Sie trafen Oberst Carpenter vom 10. Kavallerie-Regiment. Er war es, der Forsyths Lager als erster erreichte. Die Männer dort waren dem Wahnsinn nahe. Seit sechs Tagen hatten sich Indianer in ihrer Nähe aufgehalten. Nachdem die Cheyennes abgerückt waren, hatten sie auch weiterhin auf der Insel bleiben müssen, weil sie sich um die Verwundeten kümmern mußten. Eine Zeitlang aßen sie das Fleisch ihrer toten Pferde. Aber es ekelte sie so sehr, daß sie es, selbst mit Pulver bestreut, nicht herunterwürgen konnten. Ein Coyote wurde erlegt und sein Fleisch brüderlich geteilt. Am sechsten Tag hatten Forsyth und seine Gruppe jede Hoffnung auf Rettung aufgegeben. Der Major bestimmte, daß alle, die noch kräftig genug waren, wenigstens versuchen sollten, die nächste Siedlung zu erreichen. Keiner der Männer regte sich nach diesem Befehl. Am neunten Tag gab der Wachposten Alarm. Er meinte eine Abteilung Indianer den Hügel heraufkommen zu sehen. Jeder wußte, was das bedeutete. Einem weiteren Angriff konnten sie keinen Widerstand mehr entgegensetzen. Sie waren zu schwach. Dann schrie der Posten: „Herr im Himmel . . . es sind unsere Leute!"

Was er für Indianer gehalten hatte, erwies sich als die Abteilung unter Oberst Carpenter. Forsyths Männer waren gerettet.

4. Schwarzer Kessel oder Zweimal das Opfer

General Sheridan bedachte den Mißerfolg seines Sommerfeldzuges.

Aber er war nicht bereit aufzugeben. Es war ungewöhnlich, aber auch für den Sommerfeldzug hatte er zu ungewöhnlichen Mitteln gegriffen — nun befahl er, die Indianer in ihren Winterlagern anzugreifen. Für dieses Unternehmen schien ihm sein alter Freund Custer der rechte Mann. Aber Custer befand sich gar nicht im Westen bei der Armee. Wieder einmal war er mit dem Militärgesetzbuch in Konflikt geraten.

Die Anklage lautete auf Grausamkeit, weil er Offizieren seines Stabes befohlen hatte, Deserteure zu erschießen. (Das übliche Strafmaß waren Prügel.) Weiterhin wurde ihm der Tod zweier Soldaten zur Last gelegt. Sie waren auf einem Gewaltritt zurückgeblieben, in die Hände der Indianer gefallen und dann umgekommen.

Custer leugnete nicht.

Er verteidigte sich mit der Feststellung, es sei nötig gewesen, harte Strafen zu verhängen, um zu verhindern, daß das halbe Regiment oder mehr desertiere.

Was die beiden Soldaten anging, so erklärte er, er habe nicht die ganze Abteilung gefährden können, um sie zu retten.

Das Kriegsgericht erkannte auf schuldig. Custer wurde für ein Jahr vom Dienst in der Armee suspendiert. Für diese Zeit verlor er auch seinen Sold. Es fällt schwer, die fraglichen Vorgänge aus späterer Sicht gerecht zu beurteilen. Jedenfalls wird an ihnen mehr als deutlich, was es hieß, im Wilden Westen Soldat zu sein, und wie rigoros die Offiziere ihre Befehlsgewalt ausübten.

Nach seiner Verurteilung hatte sich Custer nach Monroe zurückgezogen. Dort erreichte ihn folgendes Telegramm:

> *Hauptquartier Department Missouri*
> *Im Feld, Fort Hays, Kansas*
> *24. September 1868*
> *General G. A. Custer, Monroe, Michigan*
> *Die Generale Sherman, Sully und ich und fast alle Offiziere Ihres Regiments verlangen nach Ihnen, und ich hoffe, daß unsere Eingabe Erfolg haben wird. Können Sie sofort kommen?*
> > *P. H. Sheridan*
> > *Kommandierender Generalmajor*

Eigentlich hätte Custer die Bestätigung des Ministeriums in Washington abwarten müssen. Statt dessen telegrafierte er Sheridan zurück, er nehme den nächsten Zug. Als er seine Sachen packte, erwog er einen Augenblick, eine Kopie von Sheridans Telegramm an alle Offiziere zu senden, die über ihn zu Gericht gesessen hatten. Dann überlegte er sich, daß Erfolge auf dem Feld der Ehre das bessere Argument sein würden.

In Fort Hays erläuterte ihm Sheridan seine Pläne.

Die Indianer angreifen in ihren Dörfern, jetzt, nachdem der Schneefall schon eingesetzt hatte und ihre Ponys zu schwach waren für weite Ritte. Wenn man die Proviantlager der Cheyennes zerstörte, würden sie sich schon bequemen, in die Reservationen zu kommen, oder eben verhungern.

Am 22. November brach Custer vom Versorgungslager I. T zum Land am Washita Fluß, wo man die Winterlager der Indianer vermutete, auf. Es herrschte bittere Kälte. Es lag hoher Schnee. Zwei andere Abteilungen — General Carr mit sieben Zügen Kavallerie, zwei Kompanien Infanterie und vier Gebirgshaubitzen — operierten rechts und links von seiner Trail und sollten ihm die Indianer von dort zutreiben.

Custer führte seine Truppe den Wolf Creek hinauf. Oft

ritt er weit voraus. Der Sturm hatte die Büffel unter schützenden Bäumen Zuflucht suchen lassen. Einmal spürten seine beiden Jagdhunde Blücher und Maida einen alten Bullen auf, der im tiefen Schnee festsaß. Armstrong ging aus dem Sattel und lief mit gezogenem Messer auf das Tier zu. Er tötete es mit seiner Pistole.

Der Himmel klarte gegen Ende des zweiten Tages auf, und Armstrong sah am südlichen Rand der Großen Ebenen eine Gruppe von fünf Bergspitzen, das Antelope Gebirge am Südlichen Canadian.

Die Berge dienten, wie jeder wußte, den Indianern in dieser Gegend als Orientierungspunkt. Custer befahl seinen Männern, den Wolf Creek zu verlassen und direkt auf die Bergspitzen zuzureiten. Er wußte, daß jede Abteilung von Kriegern, die von den Siedlungen in Kansas zurückkam, in Sichtweite der Antelope Berge reiten würde. Bei Einbruch der Dunkelheit waren die Berge erreicht, und man kampierte am Nordufer des Canadian. Armstrong rief Major Elliott zu sich ins Zelt und erklärte ihm seine weiteren Pläne.

Der Major sollte drei Züge mit Führern und indianischen Scouts mitnehmen und Proviant für drei Tage fassen. Am Morgen sollte er dem Nordufer des Canadian fünfzehn Meilen folgen.

Schlamm und schmelzender Schnee würden es leichtmachen, Spuren zu erkennen, und falls sich herausstellen sollte, daß die Indianer nach Süden abgeschwenkt waren, sollte er ihnen auf den Fersen bleiben, jedoch mittels eines Kuriers Nachricht geben. Die Hauptabteilung würde unterdessen den Fluß überqueren und langsam nach Süden ziehen. Ihre Spuren mußten für den Melder leicht zu erkennen sein.

Bei Morgengrauen ritt Elliott mit seiner Schwadron fort. Custer brauchte mehrere Stunden, bis er eine seichte Stelle ausfindig gemacht hatte, an der er mit den Wagen durch den Fluß konnte. Die Ufer des Canadian waren steil, außerdem mußte man sich vor dem Treibsand hüten. Endlich war das Regiment am anderen Ufer. Armstrong ritt auf die

Spitze eines nahegelegenen Berges. Die Landschaft lag flach wie eine Untertasse vor ihm. Die einzige Landmarke war das Flußbett des Canadian, das sich wie eine rote Narbe von Horizont zu Horizont durch das Grasland zog. Als er wieder zu seinen Leuten hinabritt, sah er in der Ferne einen Punkt, der sich bewegte. Der Punkt wurde größer und größer und verwandelte sich in einen Reiter, der über die weiße Ebene galoppierte. War das schon Elliotts Botschafter?

Custer nahm das Glas an die Augen. Er erkannte, daß es der Scout Corbin war. Ihm schien unmöglich, daß die Spur der Indianer so rasch gefunden worden war. Was war geschehen? Armstrong ritt zum Fuße des Hügels hinab und wartete ungeduldig. Der Mann brauchte lange, bis er heran war. Jedenfalls schien Custer das so. Dann zügelte er sein schnaubendes Pferd vor ihm. Doch, man habe eine heiße Spur, berichtete Corbin. Hundertfünfzig Krieger seien vor nicht ganz vierundzwanzig Stunden nach Süden geritten. Wahrscheinlich waren sie zu dem Dorf am Washita unterwegs, das südwärts am Fluß lag.

Custer befahl, der Scout solle sich ein frisches Pferd geben lassen und sofort zu Elliott zurückreiten. Der möge die Spur bis gegen acht Uhr abends verfolgen und dann auf den Haupttrupp warten.

Sobald er mit der Truppe herangekommen sei, könne man zusammen durch die Dunkelheit weiterreiten. Der Kurier galoppierte davon. Custer versammelte seine Offiziere und erklärte ihnen seine Pläne. Er sprach rasch, abgehackt. 80 Mann würden bei dem Wagenzug zurückbleiben. Alle anderen sollten sich sofort für den Marsch fertigmachen. Jeder solle hundert Schuß Munition fassen, etwas Kaffee, Hartbrot, aber keine zusätzlichen Decken. Mäntel anziehen, auf ein Biwak im Schnee vorbereitet sein.

Custer holte seine Uhr hervor.

„In zwanzig Minuten", sagte er, „wird die Vorhut aufbrechen. Sie sind entschuldigt, méine Herren!"

Schnee und Schlamm spritzten auf. Die Offiziere ritten zu

ihren Abteilungen. Die Munition wurde ausgegeben, die Messekisten geöffnet, um Hartbrot zu fassen. Hier und da legte einer der Männer ein zusätzliches Unterhemd an. Schwache Pferde wurden zur Wagenwache gebracht.

Das Mittagessen fiel aus. Das Wetter war warm geworden. Die Männer schwitzten. Unter dem schmelzenden Schnee drückte sich Wasser durch das Gras des letzten Sommers. Die Pferde taten sich schwer im Schlamm. Der Wagenzug, der langsamer war, versank bald hinter dem Horizont. Scouts schwärmten aus, um Elliotts Spuren aufzunehmen. Als die Sonne eine Handbreit über dem Horizont stand, war der Weg, den Elliott genommen hatte, immer noch nicht gefunden. Der Schlamm gefror wieder und war bald hart wie Fels.

Dann ging die Sonne unter. Von vorn gab einer der Scouts ein Signal. Die Spur war endlich aufgenommen. Aber als Armstrong an diese Stelle geritten kam, konnte er kein Anzeichen von Elliotts Abteilung am Horizont entdecken. Die besten Reiter bekamen Befehl, in leichtem Galopp zuzureiten, bis sie Elliott eingeholt hatten, und dann zu warten, bis das übrige Regiment aufgeschlossen hatte.

Um neun Uhr hatten alle Truppen das kleine Gehölz erreicht, an dem Elliott wartete. Männer und Pferde waren erschöpft. Custer ließ absatteln. Die Pferde sollten Wasser bekommen und gefüttert werden. Dann mochten die Männer sich Kaffee kochen. Aber alle Feuer sollten in einer Senke angelegt werden, falls die Indianer Scouts ausgeschickt hatten. Ein Osage-Scout schlug vor, mit dem Angriff bis zum Morgen zu warten.

Ach was. Aberglaube der Indianer. Sie hatten Angst bei einem Nachtangriff. Gegen zehn Uhr ritt die Abteilung stromabwärts in der Flußniederung weiter. Den Reitern war gesagt worden: kein Streichholz anreißen. Nicht sprechen, aufpassen, damit die Zinnbecher nicht unter den Satteltaschen klappern. Es war gegen Mitternacht, als zwei der Osage-Scouts vor Custer auftauchten.

„Was gibt's?" fragte er.

Die Osage sprachen kaum Englisch.

„Riechen Feuer", antworteten sie.

Custer schnüffelte. Er war sich nicht sicher.

Er sagte zu den Indianern, sie sollten weiterreiten, aber vorsichtig.

Eine halbe Meile — und zwischen den Bäumen wurde etwas entdeckt, was nach einem heruntergebrannten Feuer aussah. Schliefen dort Indianer, oder hatten sie sich schon davongemacht? Armstrong schickte einen Mann zurück. Regiment Halt. Die Scouts gingen mit gezogener Waffe auf den Fleck leuchtende Glut zu. Sie kamen zurück und meldeten, dort seien keine Indianer. Wahrscheinlich stamme das Feuer von Jungen, die am Tag hier eine Ponyherde gehütet hatten. Das bedeutete, daß das Dorf nicht weit sein konnte. Noch behutsamer ritten die Scouts weiter.

Armstrong war unmittelbar hinter ihnen. Auf der Kuppe einer Hügelkette sah er einen Mann auf dem Bauch, der sich vorarbeitete und dann wieder zurückkroch. Er stieg ab und ging hin. Von der Abbruchkante aus sah er unten eine Herde. Waren das Pferde oder Büffel? Er schaute und horchte. Ein Hund bellte unter Bäumen in der Ferne. Dort unten war das Dorf. Krieger hatten immer Hunde bei sich. Als er den Kopf wandte, drang das Weinen eines Babys zu ihm herauf. Es war jetzt kurz nach Mitternacht.

Er schickte die Scouts zurück. Alle Offiziere sollten kommen. Armstrong erklärte ihnen, daß er das Regiment in vier Abteilungen aufteilen werde. Jede sollte das Dorf aus einer anderen Richtung her angreifen. Major Elliott sollte drei Züge nehmen, das Dorf umgehen und von hinten angreifen. Je zwei Züge würden von beiden Flanken her vorgehen. Er selbst behielt vier Kompanien, die Scharfschützen, die Osage-Scouts und die Regimentskapelle bei sich. Es blieb genug Zeit für alle, ihre Positionen einzunehmen. Der Angriff würde gleichzeitig von allen Seiten beim ersten Morgengrauen beginnen.

Es war das Dorf des Häuptlings Schwarzer Kessel gewesen, das Chivington am Sand Creek angegriffen hatte. Selbst nach diesem heimtückischen Überfall hatte sich der Häuptling bemüht, Frieden zu halten. Er wußte, daß Krieg gegen die weißen Männer seinem Stamm den Untergang bringen mußte.

Es war abermals das Lager des Häuptlings Schwarzer Kessel, das nun von den Truppen des Weißen Mannes eingekreist wurde.

Erst ein paar Tage, bevor Custer Washita erreichte, hatte der Häuptling mit General Hazen in Fort Cobb verhandelt.

Jetzt wurde er zum zweiten Mal schuldlos das Opfer einer Strafexpedition.

Die Nacht war bitterkalt. Custer wickelte sich in seinen Mantel und legte sich zwischen seine beiden Jagdhunde. Nach einer Stunde erwachte er und sah wieder auf die Uhr. Noch immer zwei Stunden bis zum Morgengrauen. Er stapfte durch den vereisten Schnee, um seine Männer zu inspizieren. Die Soldaten drängten sich an die Schädel der Pferde. Die Osage-Indianer hockten unter den niedrigen Zweigen eines Baumes, vermummt in ihre Decken. Sie wußten, daß im offenen Land ein windgeschützter Ort immer noch der beste Platz war, um eine Nacht zu verbringen. Die Indianer murrten. Es sei unvorsichtig, anzugreifen, ohne die genaue Zahl der Feinde zu kennen.

Der Mond ging unter. Die Sterne funkelten heller. Die Minuten schleppten sich dahin. Ein seltsames rotes Licht stand über dem Dorf. Custer fürchtete schon, die Indianer hätten ihn entdeckt und eine Rakete abgeschossen, um Hilfe herbeizuholen. Dann erkannte er, daß es der Morgenstern war, der durch den Dunst über dem Fluß schimmerte.

Endlich wurde der Himmel blaß. Der neue Tag begann. Custer gab den Befehl, aufzusitzen und eine Linie zu bilden. Die Kapelle und die Scharfschützen in der Mitte. Es wehte eine scharfe Brise, aber Custer ordnete an, die Mäntel abzulegen und die Hafersäcke abzuwerfen. Eine Wache blieb bei den Sachen zurück. Man ritt im Schritt über den Hügel und dann abwärts auf die Ponyherde zu. Custer ritt an der Spitze, hinter ihm Captain Hamilton. In dem ungewissen Licht erschien die Entfernung größer als erwartet. Die Indianer würden gewiß das Geräusch der Pferdehufe hören. Custer sah die Spitzen der Zelte unter den kahlen Bäumen, aber es war da kein Zeichen von Leben. Hatten die Indianer das Dorf geräumt?

Dann fiel irgendwo ein Schuß. Custer gab dem Kapellmeister ein Zeichen. Die Musik setzte ein. Sie spielte das Regimentslied „Garry Owen".

Bald verstummte die Melodie wieder. Der Speichel gefror in den Instrumenten. Custer hörte Rufe. Hornsignale schrillten durch den frostigen Morgen. Reiter brachen von allen Seiten hervor, Gewehrsalven gingen los. Custer sah, wie die durchgehende Ponyherde in das Dorf hineinpreschte, an blaugekleideten Soldaten vorbei. Die fliegenden Hufe schleuderten Schneeklumpen gegen die Lederbahnen der Zelte. Indianer rannten zwischen den durchgehenden Tieren herum und stürzten in den festgetretenen Schnee. Einige entkamen zum Flußufer und sprangen halbnackt in das eisige Wasser. Andere versteckten sich in Abfallöchern und begannen sich dort zu verteidigen. Die Scharfschützen streckten sie nieder. Ein Trupp Soldaten fing die Ponys ein. Ein Feldlazarett wurde zwischen den Zelten eingerichtet. Um zehn Uhr war alles vorbei. Nur noch an ein paar Stellen leisteten die Indianer Widerstand. Armstrong ritt aus, um nach den Verwundeten und Toten zu sehen.

Captain Hamilton hatte einen Schuß in den Rücken erhalten. Er war tot. Zufall oder die Rache eines unzufriedenen Soldaten? Mit so etwas mußte man als Offizier immer rechnen. Ein Zugführer war schwer verwundet. Der Feldscher sagte, er werde sterben. Tom Custer und ein anderer Leutnant waren leicht verletzt. Elf Soldaten hatten Wunden. Nichts Ernstes. Custer sah einen jungen Signalbläser auf einem Stapel Büffelfelle sitzen. Der Junge hatte zwei Löcher im Kopf, eines über dem Auge, das andere über dem Ohr. Wie konnte ein Geschoß da durchgeschlagen sein, ohne ihn getötet zu haben? Custer erkundigte sich. Der junge Bursche behauptete, die Wunden rührten beide von ein und demselben Pfeil her. Er erzählte auch, wie der Arzt den Pfeilschaft herausgerissen, wie sich die Haut zusammengezogen hatte und dann die beiden Löcher geblieben waren.

Custer fragte den Jungen, ob er seinen Angreifer gesehen habe.

„Wenn jemand meint, ich hätte ihn nicht gesehen", antwortete der Junge, „dann soll er sich einmal das hier anschauen." Er hielt einen frischen Skalp hoch.

Captain Benteen ritt heran und schwenkte ein Paar Mocassins.

Der, dem sie gehört hatten, war von ihm unten am Fluß eingeholt worden. Ein Indianerjunge, der nicht aufgeben wollte. Er hatte mehrmals auf Benteen geschossen. Dann hatte er keine Munition mehr und ließ sich zu Boden fallen. Benteen setzte ihm den Lauf seiner Waffe auf die Brust. Der Indianer verzog sein Gesicht zu einer haßerfüllten Grimasse. „Da habe ich ihn erledigt", erzählte Benteen, „ein eigensinniger Dummkopf von einem Jungen."

Kurz darauf erfuhr Custer von einer Indianerfrau, daß es im Flußtal noch eine ganze Kette von Indianerdörfern gäbe, die sich über eine Strecke von zehn Meilen hinzögen.

Er fürchtete, sein Wagenzug könne überfallen und das Regiment ohne Proviant in der Wildnis ausgesetzt bleiben. Deshalb entschloß er sich zu einem vorläufigen Rückzug. Die 875 Ponys, die man den Indianern abgenommen hatte, wurden an Ort und Stelle abgeschlachtet. Sheridan hatte befohlen, die Indianer sollten ausgehungert werden. Ohne Pferde konnten sie weder auf Kriegszüge noch auf die Jagd reiten. Dann brannten die Soldaten die Tipis nieder, vernichteten über tausend Büffelfelle, siebenhundert Pfund Tabak, Trockenfleisch, Waffen, Bogen und Pfeile. Leutnant Godfres erinnerte sich später daran, daß ein wunderbares, mit Perlen besticktes Buckskin-Gewand mit Elch-Zähnen ebenfalls in die Flammen geworfen wurde. Keine Souvenirs.

Als die Sonne unterging, holte Custer seine Offiziere zusammen. Major Elliott und 15 Mann fehlten. Angeblich waren sie einer Gruppe Indianer gefolgt. Custer befahl aufsitzen und abreiten.

Vier Tage später zog er triumphierend in das Versorgungslager ein. Sheridan kam vor das Lager, um ihn zu empfangen. Als Custer mit seinen Offizieren an ihm vorbeiritt, zog der kleine General seine Kappe. Er atmete auf. Nach einer Kette von Mißerfolgen endlich ein Sieg. Dieser Custer war schon ein guter Mann. Das Glück klebte an ihm.

General Sherman schickte telegraphisch Glückwünsche, auch der Kriegsminister ließ gratulieren.

Custer war guter Laune. Endlich wieder Ruhm.

Aber Custers erster großer Sieg als Kämpfer gegen die Indianer hatte noch ein Nachspiel. Major Elliott und seine 15 Mann, auf die er nicht gewartet, nach denen er nicht gesucht hatte, verirrten sich in der Wildnis und wurden später von Indianern niedergemacht. Vor allem Captain Benteen ereiferte sich. Für ihn waren Elliott und seine Männer durch Custers Leichtsinn und Verantwortungslosigkeit gefallen. Im St. Louis Democrat veröffentlichte er schließlich sogar einen Brief mit diesen Vorwürfen.

Als die Zeitung in das Armeelager gelangte, rief Custer die Offiziere in seinem Zelt zusammen und verkündete, er werde den Verfasser auspeitschen. Captain Benteen brachte seine Hand in die Nähe seiner Revolvertasche und sagte dann: „Nun gut, General, dann fangen Sie mal mit dem Auspeitschen an. Geschrieben habe ich das."

Custer zuckte zusammen, zögerte einen Augenblick und stampfte dann hinaus ins Freie. Gegen Benteen unternahm er nichts. Auch noch von anderer Seite wurde Kritik an Custers großartigem Sieg laut.

Verweichlichte Menschenfreunde im Osten erinnerten daran, daß Schwarzer Kessel, der samt seiner Frau und 100 seiner Stammesgenossen bei dem Überfall auf das Dorf am Washita sein Leben hatte lassen müssen, ein Freund der Weißen gewesen war.

Hatte er nicht zahlreiche andere Häuptlinge dazu bewegt, mit den Bleichgesichtern Frieden zu schließen? Hatte er sich nicht bemüht, weiße Gefangene der Indianer freizukaufen?

Sheridan hatte für solche Hinweise nur ein grimmiges Kopfschütteln.

Was wußten diese Schwachköpfe und Betschwestern, die jetzt Mordio zeterten, davon, wie das Leben im Wilden Westen wirklich aussah?

Er hatte die Fundstücke gesehen, die Custer aus Washita mitgebracht hatte: Fetzen von Bettzeug und Daguerreotypien, die aus geplünderten Farmen in Kansas stammten. Nein, nein, er war da ganz und gar der Meinung seines Kollegen, des General McKenzie, der, ehe seine Truppen zu einem Feldzug gegen die Comanchen aufbrachen, den Offizieren befohlen hatte: „Macht alle Nissen tot, und ihr werdet keine Läuse bekommen!"

5. Wooden Leg erzählt: Ein Junge wird zum Krieger

Wooden Leg wurde 1858 im Stamm der Nördlichen Cheyennes am Cheyenne-Fluß in den Black Hills geboren. Kurz ehe er zur Welt kam, hatte sein Vater mit einer Delegation des Stammes Washington besucht. In seiner frühen Kindheit erlebte Wooden Leg noch das traditionelle Leben der Prärieindianer auf Jagdzügen und in den Zeltlagern. Mit zwölf Jahren nahm ihn sein Vater zu einem Handelsposten des Weißen Mannes am Nördlichen Platte River mit und kaufte ihm ein Gewehr. Sein Stamm war zu dieser Zeit eng mit den Oglala Sioux, den Arapahoes und den Minneconjou Sioux verbunden. Im sozialen Leben eines jungen Cheyenne spielten die Kriegergesellschaften eine besondere Rolle. Wooden Leg erzählt aus seiner Kindheit:

Die Kriegergesellschaften waren die Grundlage der Stammesregierung bei den Cheyennes. Das bedeutete: Ihre Mitglieder wählten die Häuptlinge, die den Stamm regierten. Alle zehn Jahre kam der gesamte Stamm zusammen, um 40 Häuptlinge zu wählen. Die 40 wählten dann ihrerseits „vier alte Häuptlinge", die ihnen und dem Stamm als wichtigste Ratgeber dienten. Es gab bei den Cheyennes keine Häuptlinge durch Erbrecht. Die Elch-Krieger, die Crazy-Dog-Krieger und die Fox-Krieger waren bei uns die bekanntesten Kriegergesellschaften. Es gab andere Bünde vor meiner Zeit, aber während meiner Kindheit und Jugend waren es vor allem diese drei, die das Leben des nördlichen Zweigs des Stammes bestimmten. Jede Kriegergesellschaft hatte einen großen Kriegshäuptling und neun kleine Kriegshäuptlinge. Es gab also zahlreiche Männer, die sich Häuptlinge nennen durften.

Die Kriegshäuptlinge hatten aber das Sagen nur in ihren Gesellschaften. Die Stammeshäuptlinge übertrugen den Kriegshäuptlingen manchmal einen Teil ihrer Aufgaben. Das heißt, dieser oder jener Kriegshäuptling und seine Anhänger taten, wenn man es in der Sprache des Weißen Mannes ausdrücken wollte, Dienst als Sheriffs, Polizisten oder Soldaten. Befördert wurde man von einem einfachen Mitglied einer Kriegergesellschaft zum kleinen Häuptling, dann zum führenden Häuptling, schließlich zum Stammeshäuptling und endlich zum alten Häuptling. Natürlich waren auch alle Stammes- und die alten Häuptlinge ebenfalls Mitglieder einer der Kriegergesellschaften.

Es kam aber in der Schlacht oder bei großen, organisierten Jagden oft vor, daß ein Stammeshäuptling oder ein alter Häuptling nicht mehr Befehlsgewalt als ein einfacher Mann besaß.

Und ein und derselbe Mann konnte gleichzeitig ein Kriegshäuptling, ein Stammeshäuptling und ein alter Häuptling sein.

Vier unverheiratete junge Mädchen wurden von jeder Kriegergesellschaft als Ehrenmitglieder gewählt. Sobald sie heirateten oder unkeusch wurden, verloren sie diese Stellung, und ein anderes Mädchen trat an ihren Platz. Sie durften mit den Männern in der Ratshütte sitzen, aber sie mußten bei den Beratungen schweigend zuhören. Bei Stammestänzen durften die Frauen keine Arbeit tun. Bei solchen Gelegenheiten wurden zwei kleine Häuptlinge für das Kochen und die anderen Arbeiten eingeteilt.

Zusammenkünfte oder Tänze wurden in Zelten abgehalten, die Privatbesitz eines der Mitglieder waren. Die Eingangsplane wurde hochgeschlagen, damit Zuschauer von draußen alles mit ansehen konnten. Die drei Gesellschaften waren auf gleiche Weise organisiert, und im Krieg operierten sie auch auf gleiche Weise, aber ein Mann konnte jeweils nur einer von ihnen angehören.

Ich trat der Gesellschaft der Elch-Krieger bei, als

ich vierzehn Jahre alt war. Wir kampierten am Antelope Creek nahe der Black Hills. Die Ausrufer gingen im Lagerkreis umher und riefen: „Alle Elch-Krieger zum Tanz und zum Fest." Sie versammelten sich in einem großen Tipi, das aus zwei Wohnzelten zusammengefügt worden war. Left Handed Shooter, zu dieser Zeit der Oberhäuptling der Elche, kam in das Zelt meines Vaters und sagte zu mir: „Wir wollen, daß du den Elch-Kriegern beitrittst." Oh, wie kam ich mir wichtig vor, als ich diese Einladung erhielt. Ich hatte sehnlichst darauf gewartet, daß sie mich fragen würden. Nichts wünschte ich mir damals so sehr, als endlich älter zu werden und in die Kriegergesellschaft aufgenommen zu werden — (eine Ehre, zu der es mein Vater und meine beiden älteren Brüder schon gebracht hatten).

Siebzig oder mehr Elche tanzten. Ab und zu wurde ein Schuß in die Luft abgegeben. Beim Tanz schwangen sie ihre Klapperschlangen-Stöcke, das Abzeichen der Elche. Jeder dieser Stöcke war aus hartem Holz gemacht und hatte die Form einer Klapperschlange. An jedem Stock waren 40 Kerben. Ein zweiter Stock wurde dazu benutzt, um hin und her über die Kerben zu streichen. Das gab ein Geräusch, das dem warnenden Zischen einer Klapperschlange ähnlich war. Jedes Mitglied besaß seinen eigenen Stock, aber einer davon war aus Elchsgeweih gefertigt, und dieser wurde von einem besonders zuverlässigen Mitglied aufbewahrt.

Wenn man auf Reisen ging, traten die Oberhäuptlinge zusammen und berieten darüber, welche Gesellschaft sich um die Verlegung des Lagers kümmern solle. Vielleicht einigten sie sich auf die Fox-Krieger. Der führende Häuptling und die kleinen Häuptlinge dieser Gesellschaft wurden dann von diesem Entschluß verständigt. Der Ausrufer ging durch das Lager und verkündete: „All ihr Cheyennes, sperrt eure Ohren auf und hört her. Morgen früh brechen wir zum Tongue-Fluß auf. Brecht eure Zelte ab, haltet eure Pferde bereit. Die Fox-Krieger werden uns führen."

Am nächsten Morgen, wenn alles bereit war, versammelten sich die Fox-Krieger voraus in der Richtung des einzuschlagenden Weges. Der Ausrufer sagte zu ihnen: „Ihr seid die Führer heute. Sorgt dafür, daß die Leute euch gehorchen. Paßt auf, daß jeder am rechten Platz bleibt im Zug. Wenn jemand sich widersetzt, dürft ihr ihn auspeitschen, seine Pferde erschießen, seine Hunde töten, sein Gewehr oder seinen Bogen zerbrechen, ihr dürft ihn bestrafen, wie immer ihr es für richtig haltet, nur dürft ihr keinen Cheyenne töten."

Waren beispielsweise bis dahin die Crazy Dogs die Lagerpolizei gewesen, so waren sie von nun an wieder einfache Indianer. Der führende Häuptling der Fox-Krieger war nun der wichtigste Mann, seine kleinen Häuptlinge und Untergebenen aber halfen ihm bei seinen Aufgaben.

Die alten Stammeshäuptlinge und die Oberhäuptlinge ritten ganz vorn, danach kam die Gesellschaft der Fox-Krieger, die ab und zu jemanden zurückschickte, um zu schauen, ob beim Zug auch alles in Ordnung war.

Die Oberhäuptlinge entschieden, wann es Zeit wurde, Halt zu machen für eine Rast, wann es weitergehen sollte und wann das Lager aufzuschlagen war. Die Fox-Soldaten übermittelten ihre Befehle und erzwangen sie. Wenn es Streit über den Standplatz der verschiedenen Zelte gab, mußten die Fox-Krieger diese Auseinandersetzungen schlichten.

Die Lagerkreise wurden immer nach der gleichen Ordnung angelegt. Familien, Verwandte oder Klane schlugen ihre Zelte immer an derselben Stelle auf, die im Bezug zu der ihrer Verwandten stand. Und immer waren die Zelteingänge nach Osten ausgerichtet, zur aufgehenden Sonne hin.

Auch wenn eine Stammesjagd stattfinden sollte, wurde vorher eine Zusammenkunft einberufen. Solche und andere Gespräche fanden immer gegen Abend oder nach Einbruch der Dunkelheit an einem großen Feuer statt. Die alten Häuptlinge sagten dann gewöhnlich zu den führenden Kriegshäuptlingen: „Wir brauchen vier gute und verläßliche Männer, die den Weideplatz der Büffelherde ausmachen."

Wenn diese Männer benannt worden waren, ritt der Ausrufer durch das Lager und verkündete ihre Namen. Sie kamen dann zum Feuer und nahmen die Anweisungen entgegen. Einer solchen Aufforderung konnte sich kein Mann widersetzen. Und wenn sie zurückkamen, erstatteten sie beim Ausrufer Bericht. Unterdessen hatten die Oberhäuptlinge vielleicht beschlossen, daß die Elch-Krieger den Jagdzug leiten sollten. Wieder ging der Ausrufer hinaus und verkündete: „All ihr Cheyennes, sperrt eure Ohren auf und hört zu. Viele Büffel sind von unseren Scouts entdeckt worden. Schärft eure Messer, spitzt eure Pfeile. Schaut, daß eure Gewehre in Ordnung sind. Macht eure Reitpferde und die Packtiere fertig. Morgen früh geht es los. Die Elch-Krieger werden die Jagd leiten."

Niemand außer den Oberhäuptlingen durfte dann am kommenden Morgen den Elchen voranreiten. Die Elche beobachteten die Büffelherde. Sie schirmten den Jagdzug gegen Feinde ab, während die Jagdgesellschaft unterwegs war.

Wenn ein Elch Befehle der Kriegshäuptlinge mißachtete, wurde er von seinen Mitbrüdern bestraft.

Jeder wußte: Wenn bei ihm die Verantwortung lag, sei es nun auf Reisen, bei der Jagd oder im Krieg, mußte er sein Bestes geben. Und die drei Kriegergesellschaften wetteiferten natürlich miteinander, die Regierungsgeschäfte möglichst gut abzuwickeln. Auch innerhalb der Gesellschaften wetteiferte man miteinander.

Die Fox-Krieger führten einmal eine Büffeljagd, als ich 16 Jahre alt war. Wir befanden uns am Crow Creek, dort, wo heute Sheridan in Wyoming steht. Last Bull war der führende Häuptling der Fox-Soldaten. Ich ritt mit drei anderen Jungen meines Alters. „Oh, dort ... Büffel, viele Büffel!" rief plötzlich einer der Jungen.

Wir hielten mit der Gruppe der Jäger mit und schossen voran. Da sah ein Fox, daß wir uns vordrängten. Wir sahen ihn auch, und wir rissen unsere Pferde herum, um zurückzubleiben. Zwei oder drei Foxes folgten uns. Wir spritzten auseinander. Ich jagte gegen den Tongue-Fluß hin. Er trug eine feste Eisdecke. Mein Pferd rutschte, aber es gelang mir, ans andere Ufer zu kommen. Meine Verfolger hielten am Fluß inne, aber ich ritt weiter von ihnen fort. Ich wußte nicht, was aus den anderen Jungen geworden war. Ich hatte Angst. Mein Herz klopfte. Ich war darauf gefaßt, verprügelt zu werden. Vielleicht würden sie auch mein Pferd töten, oder meine Kleider in Stücke reißen. Aber offenbar hatten sie nicht herausgefunden, wer da vor ihnen an die Spitze des Jagdzuges geritten war. Ein Jahr später geriet ich noch einmal in eine ähnliche Situation. Die Crazy-Dog-Krieger hatten bei einer Reise das Kommando. Wir ritten den Tongue-Fluß hinauf und schickten uns gerade an, die Wasserscheide gegen den Powder-Fluß hin zu überqueren. Zwei andere Jungen und ich vergaßen die Regeln. Wir ritten von unserem rechten Platz im Zug voraus und kletterten auf einen Hügel, um ins Land hinauszuschauen.

Sofort waren drei der Crazy-Dog-Krieger da. Sie ritten schnell. Die beiden anderen Jungen entwischten, aber mein Pony ließ mich im Stich. Ich mußte anhalten und absteigen. Ich war sehr aufgeregt, aber auch entschlossen, jede Strafe ohne Klage hinzunehmen. Aber als die wild dreinblickenden Crazy-Dog-Krieger heranpreschten, war es mit meiner Beherrschung vorbei.

„Prügelt mich nicht", bat ich, „tötet mein Pferd. Nehmt all meine Kleider. Hier . . . nehmt mein Gewehr und zerbrecht es."

Nachdem sie einen Augenblick beraten hatten, kamen sie überein, nichts dergleichen zu tun. Sie schimpften mich aus und nannten mich einen dummen kleinen Jungen. Sie fragten nach meinem Namen, und ich nannte ihn. Das war das letzte Mal, daß ich die Regeln verletzte, die auf der Reise und bei der Jagd galten.

6. In die Schwarzen Hügel

Wooden Leg, durch den im letzten Kapitel zum ersten Mal die Indianer selbst zu Wort kamen, gehörte dem Stamm der Nördlichen Cheyennes an, der zusammen mit der großen Sioux-Nation nordwestlich von Kansas im Gebiet der heutigen Bundesstaaten Dakota und Montana lebte.

Im Jahr 1873 plante die Northern Pacific Railroad, eine Eisenbahnstrecke durch diese wenig erforschten Gebiete zu legen. Zunächst sollte dazu von einem Trupp Landvermesser eine genaue Geländekarte hergestellt werden. Da man befürchtete, daß die Sioux selbst Erkundungsritte durch das ihnen vertragsmäßig zugesprochene Land mit Feindseligkeiten beantworten würden, wurde zum Schutz des Vermessungstrupps Militär aufgeboten. Das 7. Kavallerieregiment, das sich bei der Unterdrückung der Südlichen Cheyennes so ausgezeichnet bewährt hatte, gehörte mit zu den Einheiten, die unter dem Oberkommando von General Stanley an der sogenannten Yellowstone-Expedition teilnehmen sollten.

Für die Custers war das Unternehmen fast so etwas wie ein Familienausflug. Armstrong traf seinen Bruder Tom wieder. Seine alten Offiziere Yates, Cooke und Keogh waren zur Stelle. Dazu Leutnant Calhoun, der eine von Armstrongs Schwestern geheiratet hatte.

Am 10. Juni 1873 kam das Regiment in Fort Rice an. Libbie Custer und ihre Schwägerin Maggie Calhoun bestiegen in Bismarck den Zug und reisten über St. Paul in den Osten zurück.

Im Fort war eine beträchtliche Streitmacht versammelt: 1451 Soldaten und 79 Offiziere. Der Sohn des Präsidenten Grant, Fred Grant, war der Expedition als Adjutant zugeteilt. Die übliche Schar weißer und indianischer Scouts

war angeworben, darunter Bloody Knife, ein wild drein-
blickender Arikara mit hohen Wangenknochen und langem
Haar, das ihm bis auf die Schulter fiel. Als Proviant waren
700 Stück Vieh vorgesehen. Der Wagenzug umfaßte
79 Planwagen. Ein Dampfboot, die „Far West", würde die
Versorgungsgüter über den Missouri und den Yellowstone
zu einem Punkt transportieren, den die Landvermesser und
die Soldaten quer über die Ebenen erreichen sollten.

Custer hatte Mr. Balarian, einem Marketender aus Fort
Rice, erlaubt, in zwei Wagen Whisky mitzuführen, was
eigentlich dem Armeereglement widersprach. Er trank selbst
nicht mehr, nachdem er Libbie noch in ihrer Brautzeit hatte
versprechen müssen, dem Alkohol für immer zu entsagen.
Aber seinen Soldaten würde ein kräftiger Schluck bei den
scharfen Ritten, die bevorstanden, gewiß gut tun und die
Moral der Truppe heben.

Am 20. Juni 1873 waren endlich alle Vorbereitungen ab-
geschlossen, und es wurde zum Aufbruch geblasen. Custer
trug ein leuchtend rotes Hemd, das ihm seine Frau geschenkt
hatte. Wegen seiner auffälligen Kleidung war er selbst in
der großen Kolonne nicht zu übersehen. Sein ganzes Benehmen war so, als sei er der Oberkommandierende.

Über die Gefahren, denen er sich aussetzte, machte er sich
keine Illusionen. Er hatte zwei Lebensversicherungen ab-
geschlossen, eine davon zu Gunsten seiner Frau, die andere
zahlbar an seine Eltern.

Die Landvermesser waren schon im Westen hinter dem
Horizont verschwunden, aber die berittene Heeresabteilung
würde sie eingeholt haben, ehe sie ihre Fähnchen an den
Ufern des Yellowstone in die Erde bohrten. Und erst dort
erwartete man Scharmützel mit den Indianern.

Gleich zu Anfang gab es Streit. General Stanley war zu
Ohren gekommen, daß ein Marketender bei Custers Regiment mitreiste. Beim ersten Biwak schickte er seinen Adjutanten Fred Dent Grant aus. Er sollte die Wagen durch-
suchen und den Alkohol beschlagnahmen.

Custer verstand es, den jungen Grant in seinem Zelt so lange aufzuhalten, wie Mr. Balarian brauchte, um seine verbotene Ware auszuverkaufen.

Als man am Muddy River ankam und dort eine Brücke geschlagen werden mußte, war Custer mit seinem Regiment dem Haupttrupp um 15 Meilen voraus. Mit einem Kurier ließ er Stanley auffordern, man möge ihm Verpflegung nachschicken. Jetzt hatte der Oberkommandierende endgültig genug von Custers Eigenwilligkeiten. Er betrachtete Armstrongs Verhalten als Ungehorsam und Beleidigung und stellte ihn unter Arrest. Die 7. Kavallerie sollte von nun an als Nachhut reiten.

Custer wiederum fand, der General sei nicht recht bei Troste.

Der Streit zwischen den beiden Offizieren war gerade mühsam beigelegt, als Armstrong einen alten Freund aufstöberte — Tom Rosser. Sie waren zusammen in West Point gewesen. Während des Bürgerkrieges hatten sie sich als Gegner im Shenandoah-Tal Gefechte geliefert. Nach Ende des Bürgerkrieges war Rosser wie viele ehemalige Offiziere aus der Armee der Südstaaten in den Westen gegangen. Dort hatte er es zum Chef-Ingenieur bei der Northern Pacific gebracht und führte jetzt die Aufsicht über den Vermessungstrupp.

Auf Büffelfelle hingestreckt, tauschten die beiden Männer alte Erinnerungen aus. Rosser warnte Custer vor Stanley. Der General sei ein gewohnheitsmäßiger Trinker. Mehr als einmal hätten ihn seine Stabsoffiziere völlig betrunken in sein Zelt schleppen müssen.

Dieser Bundesgenosse gegen den auf Disziplin pochenden Vorgesetzten kam Armstrong gerade recht. Rosser intervenierte bei Stanley. Die Kavallerie gehörte vorausgeschickt, um den Landvermessern den Weg freizukämpfen, sobald man auf Indianer stoßen würde. Als Nachhut hinter der langsam dahinschleichenden Infanteriekolonne war sie wirkungslos. Der General sah das ein. Er hob den Arrest auf.

In dem roten Hemd preschte Custer seinen Reitern voran, dem Yellowstone entgegen.

Am Abend, wenn die Zelte aufgeschlagen waren, spielten die Offiziere Karten. Custer selbst hielt nicht mit. Es gehörte zu seinen moralischen Grundsätzen, nie ein Blatt Spielkarten anzurühren.

Sein Schwager James Calhoun war ständig von Pech verfolgt. Tom und Armstrong erklärten ihm lachend, als er wieder einmal eine größere Summe verloren hatte, er könne ja seinen Abschied von der Armee nehmen und sich der Wildwest-Show von Buffalo Bill anschließen. Dabei sei mehr zu verdienen als mit dem Kriegshandwerk. Calhoun war ein kräftiger, schöner Mann, der auf der Bühne und in der Manege gewiß Erfolg haben würde, wenn man ihn als „Antilopen-Jim" ankündigte.

Als die Abteilung den Yellowstone nahe der Mündung des Glendive Creek in Montana erreichte, war dort das Dampfboot „Far West" schon eingetroffen. Die Vorräte wurden ausgeladen, und am Ufer errichteten die Männer eine Verschanzung. Custer befahl Captain Benteen, zur Bewachung des Lagers zurückzubleiben. Benteen war ein Mann, dem es nicht darum zu tun war, aufregende Abenteuer zu erleben.

Die übrigen Kompanien der 7. Kavallerie setzten auf das Nordufer des Yellowstone über. Die „Far West" dampfte in den Osten zurück.

Westwärts zogen die Reiter. Hinter ihnen kamen die Landvermesser mit ihren Kartenblättern und Geräten, und am Schluß des auseinandergezogenen Heerzuges marschierte die Infanterie. Man folgte dem Flußlauf und ritt durch Grasland zwischen kleinen Cottonwood-Wäldchen dahin.

Rehe brachen aus den wilden Rosenbüschen hervor und verschwanden hinter Wänden aus Bullberry-Gestrüpp, die mannshoch waren.

Es ging nur langsam voran, weil es Schwierigkeiten machte, den Pfad für die Planwagen zu bahnen.

Am 31. Juli 1873 kampierte man nördlich der Mündung des Powder-Flusses. Custer war mit den Scouts der Abteilung immer voraus.

Am Mittag des 4. August rastete er mit einer Schwadron und einigen seiner Offiziere unter einem großen Cottonwood-Baum. Man hatte den Pferden die Sättel abgenommen, und Custer hielt Mittagsschlaf, als plötzlich die ausgestellten Wachen Alarm schlugen.

Indianer!

Die Männer rannten zu ihren Pferden. Custer griff nach seinem Remingtongewehr und ritt, nur mit Socken und Unterhose bekleidet, los.

Auf der Prärie entdeckte er sechs Krieger. Sie ritten aufgeregt umher, schienen aber nicht fliehen zu wollen. Offenbar hatten sie es auf einen Kampf abgesehen.

Armstrong befahl Calhoun, der jetzt sein Adjutant war, die Brigade in Kampfordnung aufzustellen. Erst dann machte er kehrt, um Hosen und Stiefel anzuziehen.

Er rief 20 Mann zusammen, die sein Bruder Tom anführen sollte. Der Haupttrupp unter Captain Moylan blieb im Lager. Custer winkte Bloody Knife heran und setzte sich mit ihm an die Spitze von Toms Abteilung.

Die Indianer jagten davon, kamen wieder zurück, blieben aber immer außer Reichweite der Gewehre. Armstrong fürchtete, seine Soldaten könnten in eine Falle gelockt werden. Er ließ Toms Abteilung halten, rief zwei Freiwillige zu sich und ritt mit ihnen auf die Indianer zu.

Custer und zwei Mann allein unter dem Himmel.

Die Indianer würden nach dieser Beute schnappen. Die sechs Krieger setzten ihre Eskapaden fort, aber Custer fiel auf, daß sie immer näher gegen ein Cottonwood-Wäldchen am Fluß hin ritten.

Er ahnte, was das zu bedeuten hatte, und zügelte sein Pferd.

Einen Augenblick herrschte Stille.

Dann wollten die Indianer die Falle zuschnappen lassen.

300 Krieger brachen aus dem Wald hervor, eine lange Kette von Rennpferden, bemalten Leibern, wehenden Federhauben.

Die Kavallerie war in drei Gruppen aufgeteilt, und die Indianer versuchten jede Gruppe einzuschließen. Custer preschte mit seinen beiden Reitern zurück zum Regiment. Die langbeinigen Kavalleriepferde waren gewöhnlich schneller als die Indianerponys. Die drei Abteilungen trafen ohne Schwierigkeiten zusammen, stiegen ab und bereiteten sich im hohen Gras auf die Verteidigung vor.

Die Indianer waren ihnen zahlenmäßig dreifach überlegen, aber solange die Munition reichte, bestand trotzdem keine Gefahr. Die Soldaten preßten sich flach auf den Boden.

Armstrong winkte Bloody Knife heran. Zusammen krochen sie bis zu einer Stelle, von der aus sie zum Schuß zu kommen hofften. Während sie im Gras lagen, hörten sie das Donnern der Ponyhufe. Ein indianischer Reiter feuerte, wendete und drehte rasch wieder ab.

„Wenn er das noch einmal versucht, wollen wir sehen, wer von uns beiden der bessere Schütze ist", sagte Custer.

Sie warteten, die Gesichter gegen die Erde gewandt. Dann kam das Hufgeräusch wieder. Es wurde lauter und lauter.

„Er kommt zurück", flüsterte Custer Bloody Knife zu.

Für den Bruchteil einer Sekunde sahen die beiden Männer über sich einen braunen Körper, den Schild und das Pferd.

Beide schossen. Der Indianer stürzte tot aus dem Sattel.

Gut gelaunt stritt sich Custer mit Bloody Knife darüber, wessen Kugel tödlich gewesen sei.

Bloody Knife prahlte gern. Armstrong hatte dafür Verständnis. Er mochte diesen Indianer gern um sich. Dann fiel ihm ein, daß seinen Kavalleristen die Munition knapp werden könne.

Das konnte kritisch werden.

In schwierigen Situationen entschied sich Armstrong immer für den Angriff.

Er befahl seinen Männern aufzusitzen, eine Linie zu bilden und gegen die größte Ansammlung von Indianern anzureiten.

Die roten Männer stoben auseinander.

Es war einer jener Augenblicke, in denen es für Custer zur unumstößlichen Überzeugung wurde, daß eine disziplinierte Kavallerieabteilung, die entschieden zuschlug, jeder noch so großen Anzahl von Indianern gewachsen sei.

Während der nächsten fünf Tage verfolgte Custer die Indianer am Yellowstone entlang. Stanley mit seiner Infanterie hing zurück.

Armstrong ritt oft auch während der Nacht in der Hoffnung, die Indianer in einem Lager zu überraschen. Damit hatte er kein Glück.

Die Trail führte auf das Nordufer des Flusses hinüber. Custer blickte auf eine große Ebene an der Mündung des Rosebud hinüber. Vor ihm drängten sich die hellgelben Steinklippen eng zusammen. Die Strömung des Yellowstone schäumte um zahllose kleine bewaldete Inseln.

Am 9. Oktober machte Bloody Knife Custer darauf aufmerksam, daß die Indianer wieder nach Süden über den Fluß gegangen waren. Die Stelle lag drei Meilen östlich des Big Horn River.

Custer versuchte den ganzen nächsten Tag mit den Pferden durch den Fluß zu kommen, aber wenn man die Tiere in tiefes Wasser drängte, schwammen sie immer wieder zum Nordufer zurück.

Am darauffolgenden Tag versuchten die Kavalleristen noch einmal ihr Glück.

Custer bemerkte, daß seine Truppe beobachtet wurde.

Das eingekerbte Steilufer der Südseite war mit Indianern gesprenkelt. Als Custer sie mit dem Glas genauer betrachtete, erkannte er eine Kette roter Männer, die die Abhänge herunterkamen. Bald stiegen zwischen den Weiden am Nordufer kleine Rauchwölkchen auf, und Kugeln schlugen in der Nähe seines Standortes ein. Sofort befahl er, die Pferde vom Ufer fort in ein Cottonwood-Wäldchen zu bringen, wo sie keine Zielscheibe boten. Aber nun fielen auch hoch vom Nordufer herab Schüsse. Die Indianer waren über den Fluß gekommen und an den Steilwänden hinaufgeklettert. Die Soldaten sahen sich umstellt. Custer hatte die Indianer vor einer Woche in die Flucht geschlagen. Warum sollte es nicht noch einmal glücken? Er stellte seine Abteilung in einem Bogen mit dem Rücken zum Fluß auf. Die indianischen Scharfschützen an der nördlichen Steilwand verrieten durch das Mündungsfeuer ihren Standort.

Die Lage wurde kritisch. Einer von Custers besten Schützen wurde getroffen. Leutnant Barden fiel.

Das Gelände war zu zerklüftet, um einen Kavallerieangriff zu reiten. Südwärts, jenseits des Yellowstone, erkannte man die kahlen, dunklen Hügel, auf denen sich indianische Frauen und Kinder versammelt hatten, um das Schauspiel einer Niederlage der weißen Männner mitzuerleben.

Leutnant Varnum erhielt den Befehl, die indianischen Scharfschützen an der Steilwand unter Beschuß zu nehmen. Tom Custer sollte dafür sorgen, daß die Einheit unter seinem Kommando jederzeit angriffsbereit war. Zwei Kompanien wurden an die Flanken beordert, um zu verhindern, daß Toms Gruppe von dem übrigen Verband abgeschnitten wurde.

Armstrong ritt unter den wartenden Truppen umher. Schüsse schlugen dicht um ihn ein. Calhouns Pferd brach tot zusammen. Einen Augenblick später stolperte auch Custers Tier. Er riß an den Zügeln, aber das Pferd stürzte. Custer winkte Tom. „Vorgehen!" Dann rief er der Kapelle zu, sie solle das alte Regimentslied „Garry Owen" spielen.

Custer führte die Reiter, die bei ihm waren, einer Übermacht entgegen. Der Gefechtslärm schwoll an. Er sah etwas komisch aus, zu Fuß vor den Reitern. Ungeduldig gab er zu verstehen, man solle ihm ein neues Pferd bringen. Als er in den Sattel stieg, sah er den Yellowstone hinab. Dort wirbelte goldener Staub in den türkisfarbenen Himmel.

Die Infanterie kam. Jetzt war der Flankenschutz überflüssig. Custer zog das gesamte Regiment zusammen. Mit 450 Mann rückte er vor.

Die Indianer wichen aus. In kleinen Gruppen sprengten sie durch den Yellowstone. Andere Abteilungen verloren sich in der offenen Ebene. Die Kavallerie setzte ihnen nach, vier Meilen, bis zur Mündung des Big Horn River.

Bis in den Abend hinein kamen Soldaten mit gefangenen Ponys und erbeuteten Schilden und Waffen zurück. Die kritische Situation zu Beginn dieses Gefechtes war bald vergessen.

Als die 7. Kavallerie nach anstrengendem Ritt wieder das Lager erreichte, in dem Benteen wartete, lag dort am Ufer des Yellowstone das Dampfboot „Josephine" vor Anker. Es hatte unter anderem auch Post mitgebracht.

Außer Briefen von Libbie fand Custer den Befehl vor, das Kommando in dem noch im Bau befindlichen Fort Abraham Lincoln zu übernehmen.

Mit seiner Truppe brach er sofort wieder zu einem Marsch über Land nach Bismarck auf, das 190 Meilen entfernt lag.

Die Soldaten legten die Strecke in acht Tagen zurück.

Bismarck war damals ein armseliges Nest, vorläufiger Endpunkt der Eisenbahn, ein paar Holzhäuser und Saloons mit leichten Mädchen und betrunkenen Männern, die aus der Wildnis hierher zurückkamen und denen das Geld locker saß.

Fort Lincoln wurde auf der gegenüberliegenden Seite des Flusses, vier Meilen von Bismarck entfernt, aufgebaut. Hier würde Custer ein eigenes Haus beziehen, ein zweistöckiges Gebäude, das über den langgestreckten Kasernen lag, die sich um den Exerzierplatz gruppierten.

Um das Fort dehnten sich, so weit man blicken konnte, die Flußniederungen des Missouri aus, die Großen Ebenen, flach wie ein Pfannkuchen.

Aber Armstrong malte in seinen Briefen an Libbie das Leben auf der Garnison am Rand der Wildnis in den glühendsten Farben.

Custer und der Großherzog Alex von Rußland 1872 in Topeka

Seine Frau, die zu ihm reiste, hatte genügend Erfahrung mit der Armee und ihrem Mann, um zu wissen, daß von Luxus oder auch nur von Bequemlichkeit keine Rede sein konnte.

Den Winter über in Fort Lincoln schrieb Custer an einer Artikelserie für die Illustrierte „Galaxy".

Er vergaß dabei nicht, schon im voraus auf ein neues Abenteuer hinzuweisen, das für den Sommer 1874 bevorstand — eine Expedition in die Black Hills, die Schwarzen Hügel, die angeblich außer den Indianern noch keines Menschen Auge erblickt hatte.

Das war übertrieben.

Zahlreiche weiße Abenteurer waren schon früher in das Gebiet der Schwarzen Hügel eingedrungen. Richtig war, daß dieser Landstrich weitgehend unerforscht war, daß es keine genauen Landkarten über ihn gab.

Custer knüpfte an diese Expedition hochfliegende Erwartungen.

Er würde alleiniger Befehlshaber sein. Ein aufsehenerregender Erfolg mußte ihm endlich die langersehnte Beförderung bringen.

Er lud sogar einen alten Freund, den Schauspieler Lawrence Barrett, ein, ihn zu begleiten.

Diese herrliche Landschaft und das viele Wild. Die Kosten für zwei Monate würden nicht höher sein als für eine Woche in einem vornehmen Hotel, schrieb er. Nicht zu vergessen die Gelegenheit, dabei alte Kleider abzutragen.

Barrett antwortete, er ziehe zwar gewiß eigentlich das freie Leben bei der Kavallerie dem Schrecken gestärkter Tischtücher in Hotels vor, aber leider sei er wegen eines Engagements unabkömmlich.

Zur Stelle waren hingegen der erfahrene Indianerkämpfer Tony Forsyth, Bloody Knife, der schweigsame Charlie Reynolds und Luther North, der Anführer des Indianer-Bataillons, das man aus Pawnee-Kriegern gebildet hatte.

Die Yale-Universität schickte den Völkerkundler George

Bird Grinnel mit einem ganzen Stab von Wissenschaftlern anderer Fachgebiete mit auf die Reise.

Am 2. Juli 1874 brachen zehn Züge der 7. Kavallerie, die Militärkapelle, zwei Kompanien Infanterie und der Expeditionsfotograf auf. Es folgten ein Zug von hundert Wagen, eine Sanitätskolonne, eine Rinderherde, drei Gatling-Kanonen und ein schweres 3-Inch-Geschütz.

Die Badlands im Osten der Black Hills, das wußte Custer, würden mit Wagen schwierig zu durchqueren sein.

Er hoffte, eine Trail zu finden, aber für alle Fälle hatte sein Regiment Proviant auf Packsätteln mit dabei.

Am ersten Tag legten die Reiter 13 Meilen zurück, aber die Wagen kamen nur vier Meilen voran.

Armstrong führte den Zug westwärts, etwa in der Mitte jener Route, die er voriges Jahr zum Yellowstone und zu den Badlands eingeschlagen hatte.

Am dritten Tag sichteten sie häufig Antilopen. Kaum eine Stunde verging, ohne daß sich nicht eines der Tiere vor dem Horizont abzeichnete. Die Hitze nahm zu. Der Wind brannte in den Gesichtern der Männer. Ihre Lippen sprangen auf und wurden blutig. Wehender heißer Sand setzte den Pferden zu. Rauchfahnen in der Ferne zeigten an, daß Indianer die Abteilung im Auge behielten.

Außer Tom war diesmal auch Armstrongs jüngster Bruder Boston mit dabei. Für ihn war es sein erstes Abenteuer im Wilden Westen.

Die Männer trieben mit ihm ihre Späße, redeten ihm ein, es gebe Luftspiegelungen zu sehen, und warfen mit Lehmklumpen auf sein Bett, um ihn zu erschrecken. Dann wieder versuchten sie, ihn irgendwo in der Wildnis abzuhängen, um aus dem Hinterhalt Schüsse über seinen Kopf hin abzugeben. Das waren Späße, wie sie sich jedes Greenhorn gefallen lassen mußte.

Endlich lag das eigentliche Ziel der Expedition nur noch 60 Meilen entfernt.

Die Schwarzen Hügel sahen weder schwarz aus, noch

waren es Hügel. Statt dessen erkannte Custer einen langgestreckten Gebirgszug mit einer Hochfläche auf dem Kamm.
Die Farbe der Berge bei Sonnenuntergang war dunkelblau,
manchmal auch purpurrot.

Die Kolonne zog in das Hochland durch enge Täler, die
mit Pinien bewachsen waren. Das Gras wurde üppiger. Die
Rinder setzten Fleisch an. Jeden Tag türmte das Gebirge sich
höher in den Himmel. Dunkle Wolken trieben zwischen den
düsteren Gipfeln.

Am 20. Juli 1874 hatte die Abteilung die Berge erreicht.
Es regnete heftig. Die Blumen standen kniehoch in den Wiesen. Die Luft duftete nach Blüten. Die Soldaten schmückten
ihre Hüte und das Zaumzeug ihrer Pferde mit Blumen. Hinter den Regenschleiern lagen rötlich schimmernde Felsklip-
pen. 14 Tage zog Custer mit seiner Truppe durch die
Gebirgswildnis.

Mit Freunden ritt er häufig dem Zug voraus, erstieg er
einzelne Gipfel und gab dann Salutschüsse aus seinem
Remington-Gewehr ab.

Fast täglich sah er graue Wölfe. Mehrmals stieß er auf
den Kadaver eines Rehs, das ein Berglöwe geschlagen hatte.
Die großen Katzen hatten die Angewohnheit, ihre Beute mit
Erde zu bedecken. Scouts erzählten von Spuren eines
Grizzlybären, aber Custer gelang es nicht, dieses Tier vor die
Flinte zu bekommen.

Am Nachmittag schlug man das Lager in grünen Tälern
auf, wo man Biberdämme fand.

Custer saß umgeben von seinen Offizieren am Abend vor
dem Zelt. Sobald die Sonne untergegangen war und Schatten
von den Gebirgswänden herabkrochen, mußte die Kapelle
spielen.

Am 3. August schickte Custer eine Meldung ab. Charlie
Reynolds übernahm freiwillig die schwierige Aufgabe, die
Nachricht über eine von den Indianern beherrschte Ebene zu
dem 75 Meilen weiter südlich gelegenen Fort Laramie zu
bringen. Er würde nachts reiten, auf einem Pferd, das ver-

kehrt herum aufgenagelte Hufeisen trug. So hoffte er die Indianer zu täuschen. Custer gab ihm einen offiziellen Bericht für die Armee mit, einen Artikel für die „New York World" und einen Brief an Libbie. Er beschrieb die Schönheit der Landschaft, erklärte, die Gegend sei durchaus zur Besiedlung geeignet, erwähnte den Wildreichtum und vermerkte, daß die Geologen Goldfunde gemacht hatten.

In dem Brief an Libbie prahlte er über die Moral seiner Truppe, lobte Bloody Knife und fügte hinzu, er selbst sei stark und unermüdlich wie ein Indianer, nie habe er sich in seinem Leben besser gefühlt, er wiege jetzt 160 Pfund, alles Muskeln und Sehnen.

Kaum war der Melder davon, da kehrte Custer mit seiner Abteilung auf einer nördlichen Route um. Die Black Hills waren erkundet. Zu seinem Glück fehlte ihm nur noch, auf einen Grizzlybären zum Schuß zu kommen.

Aber als die Abteilung den Rand des Gebirges erreichte, erhielt man eine Nachricht, die zur Vorsicht mahnte.

Man traf vier Cheyennes. Sie waren aus Sitting Bulls Lager unterwegs zur Reservation und erzählten, der mächtige Mann der Sioux plane, Custer abzufangen und ihm eine Lektion zu erteilen.

Armstrong lachte unter seinem weitschwingenden Schnurrbart hervor. Er fürchtete keinen Indianerüberfall. Mochte Sitting Bull doch kommen.

Am nächsten Morgen setzten die Wagen mit den hellen Zeltplanen ihren Weg fort. Custer ritt wieder mit einer kleinen Gruppe voraus.

Bald würde das Gebirge in ihrem Rücken liegen. Schon spürte man die heiße Luft der Großen Ebenen. Und da, in den mit Sagebrush bedeckten Vorbergen zeigte sich auch noch das Tier, nachdem er so lange vergeblich gefahndet hatte. Ein Grizzlybär.

Custer, William Ludlow, der Chef-Ingenieur, und Bloody Knife eröffneten fast gleichzeitig das Feuer. Das Tier wollte nicht stürzen. Custer ging aus dem Sattel und schritt mit schußbereiter Büchse auf den Bären zu. Endlich brach der schwarze Koloß zusammen. Der Expeditionsfotograf wurde herbeigerufen und mußte die drei Jäger vor der Beute aufnehmen.

Am Tag darauf zog die Abteilung hinab in die Ebene, vorbei am Ostrand der Badlands — eine Landschaft mit durch Erosion phantastisch zurechtgeschliffenen Spitzen und Hängen, schwarz, rot, grau und weiß gestreift. Man stieß auf weite verbrannte Flächen. Offenbar hatten die Indianer das Grasland angezündet, um die Soldaten aufzuhalten. Staub wirbelte hoch. Die Gesichter der Reiter wurden schwarz. Der Geruch von Holzkohle biß in Nase und Rachen.

Um frisches Gras zur Fütterung der Pferde zu finden, trieb Custer seine Männer an, am Tag bis zu 30 Meilen zurückzulegen. Solche Strapazen gaben Anlaß zu Klagen. Außerdem murrten die Soldaten, weil Custer die Sanitätswagen räumen ließ, um seine Jagdhunde, die wunde Pfoten hatten, darin unterzubringen.

Ende August kamen die Palisaden von Fort Lincoln in Sicht.

Custer war zufrieden. Dieser Sommer hatte ein Abenteuer nach seinem Geschmack gebracht.

Die Expedition des Jahres 1874 erregte den Zorn aller Indianer der großen Sioux-Nation. Die Schwarzen Hügel waren dem Stamm heilig. Sie galten als das Zentrum der Welt, als der Wohnplatz der göttlichen Wesen, als der heilige Ort, an den sich die Krieger begaben, um mit dem Großen Geist zu sprechen und eine Vision zu empfangen.

Rote Wolke protestierte gegen die Invasion, doch er riet seinen jungen Kriegern auch dazu, geduldig zu sein und den Frieden zu halten.

Aber seit er vor einigen Jahren auf Besuch in Washington gewesen war, gab es immer mehr Indianer, die seine Politik für zu nachgiebig hielten. Sie, die sogenannten „freien

Indianer", die es auch ablehnten, auf einer Agentur zu leben, scharten sich um Crazy Horse und Sitting Bull.

Die Antwort auf Red Clouds Proteste bestand schließlich darin, daß die Regierung eine Kommission entsandte, die den Indianern die Schwarzen Hügel abkaufen sollte.

Die Politiker waren vertreten durch Senator W. B. Allison aus Iowa, die Militärs entsandten General Terry, für die Wirtschaft sprach John Collins, ein Händler aus Fort Laramie, und die Interessen der Kirche sollte Pfarrer Samuel Hinman wahren, der lange Zeit versucht hatte, die Santee-Sioux zum Christentum zu bekehren.

Weder Crazy Horse noch Sitting Bull erschienen zu den Beratungen.

Als man Sitting Bull einlud, soll er eine Handvoll Staub durch seine Finger haben rinnen lassen. Er erklärte, er werde kein Land verkaufen — nicht einmal den Staub, der eben da durch seine Finger rinne. Daß jeder unter den Sioux und Nördlichen Cheyennes die entscheidende Bedeutung dieser Angelegenheit voll und ganz begriff, geht unter anderem daraus hervor, daß mehr als 20 000 Krieger in der Nähe der Beratungsstätte kampierten.

Viele von ihnen wußten um eine Klausel im Vertrag aus dem Jahr 1868, die besagte, daß jede weitere Abtretung von Grund und Boden der Zustimmung von drei Vierteln der gesamten männlichen Bevölkerung bedürfe. Sie waren zur Stelle, um zu demonstrieren, daß man die den Weißen freundlich gestimmten Häuptlinge überwachen werde.

Die Verhandlungen zogen sich lange hin. Auch Red Cloud und Spotted Tail wollten vor den Augen der Mehrzahl der Stammesmitglieder nicht das Gesicht verlieren, wenngleich sie sich nun immer mehr in „Onkel Tomahawks", den weißen Männern willfährige Indianer, verwandelten.

Schließlich hatte sich die Kommission davon überzeugt, daß all ihre Vorschläge auf taube Ohren stießen.

Sie kehrte in den Osten zurück und empfahl dem Kongreß, den Forderungen der Indianer nicht länger Gehör zu schenken. Es sei völlig hinreichend, wenn die Regierung von sich aus einen Betrag festsetze, der den Indianern als Bezahlung für das Land der Schwarzen Hügel übergeben werde, die damit für alle Zeit gekauft seien.

Am 30. August 1874 kehrte das Kavallerie-Regiment unter Armstrong Custer von seinem Vorstoß in die Schwarzen Hügel zurück. Die Reiter waren 60 Tage unterwegs gewesen. Sie waren nie ernstlich von Indianern behelligt worden. Jetzt, beim Einzug in die Garnison, spielte die Regimentskapelle das traditionelle Kampflied, das unter anderem auch schon bei dem Angriff gegen das Dorf von Black Kettle so lange von den Trompetern geblasen worden war, bis damals der Speichel in den Instrumenten gefror. Der Text verrät manches darüber, was die Männer bei ihren Kämpfen gegen die Indianer empfanden:

We'll break windows, we'll break doors,
The watch knock down by three and four.
Then let the doctors work their cures
And tinker up our bruises.

In Fort Lincoln wurde Custer von seiner Frau Libbie erwartet. Sie war stolz auf ihren Mann. Er war jetzt als Indianerkämpfer mindestens so berühmt wie seinerzeit als jüngster General in der Armee der Nordstaaten. Er konnte sich rühmen, Gold entdeckt zu haben, und es sah ganz so aus, als würde nach den Funden in den Black Hills jetzt dort ein ähnlicher Goldrausch einsetzen wie im Jahr 1849 in Kalifornien.

Aber es gab auch kritische Stimmen. Manch einer machte Custer dafür verantwortlich, durch seine Entdeckungen neue Schwierigkeiten mit den Indianern heraufbeschworen zu haben. Neider bezweifelten, daß es in den Black Hills überhaupt Gold gäbe und warnten die Öffentlichkeit vor Custers Großmäuligkeit.

Armstrong veröffentlichte eine Entgegnung. Der Winter kam, und man unterhielt sich in Fort Lincoln, so gut es eben auf einer abgelegenen Garnison am Rand der Wildnis ging. Custer hatte aus St. Paul ein großes Piano kommen lassen. Dazu kaufte er eine Harfe, die dem Salon seiner Offizierswohnung eine gewisse romantische Eleganz verlieh.

Häufig wurden Scharaden aufgeführt. Libbie hüllte sich in wallende Gewänder und spielte die „arme Flora McFlimsey", die nichts anzuziehen hat. Sie staffierte Tom Custer mit einem riesigen Zylinder aus oder beklebte ihm die Wangen mit aufgedröselten Tauen, wenn er einen Richter darstellen sollte. Armstrong selbst übernahm einmal die männliche Hauptrolle in einem Stück mit dem Titel „Buffalo Bill und seine Braut".

In diesem Winter fällt ein Ereignis, bei dem Custer unter den Sioux ein ganz persönlicher Feind erwuchs: Rain-in-the-Face.

Alles begann damit, daß eine Abordnung von Indianern der Standing Rock Agentur bei Major McLaughlin erschien und sich darüber beklagte, weiße Händler hätten ihnen ohne Bezahlung Pelze und Häute abgenommen.

Major McLaughlin war einer der wenigen weißen Männer an der Grenze, die das Vertrauen der Sioux besaßen. Er hatte keinen Zweifel daran, daß die Männer der Abordnung die Wahrheit sagten, denn er hatte auch schon von anderer Seite ähnliches gehört.

Er schickte darauf sofort an alle Handelsposten Befehle, die besagten: Jeder, der auf dem Gebiet der Agentur Handel treiben wolle, müsse dazu eine Genehmigung mit seiner Unterschrift besitzen.

Ein skrupelloser Tierarzt stahl eines der Formulare, fälschte die Unterschrift des Majors und brach dann mit drei Männern, die Brown, Bayon und Ball hießen, auf, um die Indianer fröhlich weiter übers Ohr zu hauen.

Bei dem Indianer Adlerschild hatte der Tierarzt Dr. Holzinger Pech. Er hatte bei diesem Mann schon einmal Pelze mitgehen lassen, ohne zu zahlen. Als er ihn jetzt abermals auszunehmen versuchte, wollte der Indianer Geld sehen. Die Gauner zahlten mit Kugeln. Adlerschild starb.

Ein kleines Mädchen sah zufällig den Streit mit an. Sie erzählte ihrem Onkel Rain-in-the-Face davon. Der warf sich auf sein Pony und jagte den Mördern Adlerschilds nach. Er stellte sie, als sie sich gerade anschickten, ihr Lager für die Nacht aufzuschlagen. Es kam zu einer Schießerei. Bayon, Holzinger und Ball wurden getötet. Brown entkam.

Ein paar Tage später entdeckte Oberst Sterling auf dem Weg nach Fort Sturgis die Leichen der drei weißen Männer und eine Mocassinspur, die allem Anschein nach vom Täter herrührte.

Er verständigte das Kriegsministerium, und von dort aus erging Befehl nach Fort Lincoln, sich in die Aufklärung des Falles einzuschalten.

Im Januar 1875 teilte der Scout Charlie Reynolds Custer mit, er habe bei der Proviantausgabe in der Standing Rock Agentur mitangesehen, wie Rain-in-the-Face einem anderen Indianer zu verstehen gab, er habe die drei weißen Männer auf dem Gewissen.

Armstrong schickte hundert Mann unter dem Kommando von Captain George Yates und Tom aus, um Rain-in-the-Face zu ergreifen.

Der Aufwand schien, nachträglich betrachtet, etwas unangemessen, denn es war ein leichtes, Rain-in-the-Face auf der Agentur zu verhaften.

Unterwegs und bei den Verhören in Fort Lincoln, die Armstrong und Tom selbst durchführten, wurde der Gefangene schwer mißhandelt, ohne daß es den weißen Männern gelang, ihn zu einer Aussage zu bewegen. Nur einmal tat er den Mund auf: Um Custer ins Gesicht zu schleudern, er werde sich für diese Erniedrigung noch einmal an ihm rächen und ihm das Herz aus dem Leib schneiden.

Rain-in-the-Face wurde dann mit fünf anderen Indianern in einen nassen Keller gesperrt, der als Gefängnis diente.

Innerhalb einer Woche konnte er bei einem Ausbruch von Deserteuren der 7. Kavallerie mit entkommen.

Während seiner Gefangenschaft in Fort Lincoln hörte er irgendwann einmal von einem Befehl des Präsidenten Grant, die Indianer seien in der nächsten Saison an der Büffeljagd zu hindern.

Diese Nachricht rief auf der Agentur große Unruhe hervor. Obwohl die Agentur-Indianer Lebensmittel von der Regierung erhielten, waren sie doch auf die Büffeljagd angewiesen, wenn sie ihre Kleider, Mocassins und Zeltplanen ergänzen wollten.

Im Februar 1875 warteten die Offiziere und die wenigen Frauen in Fort Lincoln sehnsüchtig auf die ersten Zeichen des herannahenden Frühlings.

Am Nachmittag verwandelten sich die Straßen zu den Posten in Schlammlöcher. Am Morgen waren sie eisenhart gefroren. Draußen auf der offenen Prärie trugen die Südabhänge der Hügel schon keinen Schnee mehr.

Dann hörte man eines Nachts ein dumpfes Grollen und Pfeifen. Libbie und Armstrong wußten, was das zu bedeuten hatte.

Am Morgen vermummten sie sich in warme Kleider und fuhren hinunter zum Fluß. Die vertraute weiße Fläche, die sich über eine halbe Meile hin ausdehnte, sah jetzt aus wie zerkrümelte Schokolade. Braune Schollen und Blöcke wurden nach Süden getragen. Es war ein großartiger Anblick. Man wurde fast schwindlig davon, wenn man längere Zeit hinsah.

Das Frühjahr und der Sommer des Jahres 1875 verliefen für Custer ohne besondere Vorkommnisse. Es gab keinen neuen Feldzug, nur die Routine des täglichen Exerzierens. Goldsucher schwärmten in die Schwarzen Hügel aus. Custer hörte von den Verhandlungen zwischen den Sioux und der Regierungskommission, die gescheitert waren.

Aus Washington sickerten Nachrichten durch, man wolle dieses Problem im nächsten Jahr endgültig lösen.

Armstrong wußte, was das zu bedeuten hatte. Aber die Aussicht auf eine Indianerschlacht vermochte ihn nicht davon abzuhalten, im Winter noch einmal in den Osten zu reisen.

Libbie und ihm war es langweilig. Sie würden in New York die Theatersaison miterleben. Es war an der Zeit, die journalistische Fehde mit seinem alten Feind Hazen fortzusetzen, der nun wieder Custers Berichte über den Yellowstone mit einem Pamphlet unter dem Titel „Die unfruchtbaren Länder" angriff und erklärte, es sei unmöglich, in den Ebenen des Westens neue, dichtbevölkerte Bundesstaaten zu errichten.

Außerdem stand für den Herbst des kommenden Jahres der Wahlkampf in den USA bevor.

Custer war der Gedanke nicht unangenehm, unter Umständen selbst als Kandidat für das höchste Amt im Staat nominiert zu werden.

Das konnte ein gefährliches Spiel werden, aber gerade das reizte ihn. Was sollte er sonst noch in seinem Leben versuchen, nachdem in den letzten zwanzig Jahren auch seine kühnsten Träume Wirklichkeit geworden waren.

Die Custers reisten in den Osten. Dort betraten sie glattes Parkett.

7. Wooden Leg erzählt:
Vertrieben, unterwegs

Winter 1875/76:

Nachdem wir aus den Black Hills vertrieben worden waren und dieses Land den weißen Männern überantwortet wurde, wollte mein Vater in keiner Reservation bleiben. Er sagte, es habe keinen Zweck, Landwirtschaft zu treiben, wie es die Weißen tun. Einmal war das nicht die Lebensart der Indianer. Unser Glauben ging dahin, daß man Land nicht in kleine Streifen aufteilen könne, die bestimmten Personen gehörten, und daß das Pflügen und die Zerstörung der Vegetation, die die Große Medizin geschaffen hat, und das Pflanzen von anderen Arten nach der Vorstellung des Menschen eine Einmischung in die Pläne des Schöpfers sei.

Zum anderen schien es, daß, da nun die Weißen uns die Black Hills fortgenommen hatten, sie auch jedes andere Stück Land nehmen würden, sobald dies in ihre Pläne paßte. Und schließlich — der letzte große Vertrag hatte uns alles Land zwischen den Black Hills, dem Bighorn River und dem Gebirge als Jagdgründe zugesprochen, solange wir nur die Durchreise der weißen Männer nicht behindern würden.

Mein Vater nahm sich vor, sich an diese Abmachung zu halten. Deshalb wollten wir ständig in dem Jagdgebiet leben. Wir konnten entweder Nahrungsmittel annehmen, die auf der Agentur ausgeteilt wurden, oder wir konnten selbst für unseren Lebensunterhalt aufkommen. Mein Vater entschied sich dafür, die weißen Männer zu meiden. Die übrigen Familienmitglieder stimmten ihm in diesem Punkt zu. Deshalb befanden wir uns für mehr als ein Jahr vor der großen Schlacht am Kleinen Bighorn auf den Jagdgründen.

Nicht alle unzufriedenen Indianer blieben der Reservation fern. Gruppen kamen und gingen, selbst während des Winters, aber nur wenige blieben das ganze Jahr über dort. Betroffen waren die Sioux und die Cheyennes, aber es gab mehr Sioux als Cheyennes. Eine Gruppe der Unkpapas, die von Sitting Bull geführt wurde, hielt sich völlig von Dakota fern. Es gab während der ganzen Zeit ein großes und mehrere kleinere Lager der Oglalas. Familien und kleine Gruppen der anderen Siouxstämme kamen und gingen. Die Cheyennes-Lager umfaßten manchmal zwischen 30 und 40, dann wieder 200 Zelte. In dem Winter, bevor die Soldaten kamen, waren die Cheyennes und die Oglalas meist zusammen. Wir verbrachten den ersten Teil der kalten Jahreszeit am Otter Creek. Dann zogen wir zum Tongue-Fluß und schlugen nahe beieinander zwei Lagerkreise am Westufer auf.

Zucker, Kaffee, Munition und viele andere Dinge waren bei uns knapp. Das war nicht allzu schlimm, aber wir merkten nun, wie sehr wir uns an dies alles gewöhnt hatten.

Wir waren froh, wenn wir Munition besaßen, weil es dann leichterfiel, Wild zu erlegen.

Am wichtigsten war es uns, Tabak zu haben. Wir benutzten den Tabak, den die weißen Männer kauen. Wir zerschnitten ihn auf einem Brett in dünne Streifen. Er wurde mit Weidenrinde gemischt. Die Rinde nannte man kinnikinick. Es war die trockene Innenseite der Rinde.

Red Haired Bear hatte etwas Tabak, nur ein kleines Stück. Einmal kam ihn ein sehr alter Mann besuchen. Der Alte war schwach und zittrig. Er war ein guter Mann, also wollte Red Haired Bear ihm etwas Gutes tun. Der Gastgeber holte seine Pfeife hervor. „Gib mir ein Messer", sagte er zu seiner Frau. Dann: „Gib mir das Tabakbrett." Sie tat, wie ihr geheißen. Er schnitt ein bißchen Tabak ab und vermischte es mit viel kinnikinick. Er stopfte seine Pfeife und zündete sie an. Nachdem er Rauch nach allen vier Himmelsrichtungen hin ausgestoßen hatte, reichte er die Pfeife seinem Gast. Der alte Mann nahm einen Zug. Er hielt einen Augenblick inne, als falle ihm eben etwas ein. Dann nahm er noch einen Zug und atmete den Rauch durch die Nase aus. „Oh, Tabak!" rief er entzückt.

Er machte tiefe, langsame Züge. Als Red Haired Bear die Pfeife wieder an sich nahm, um selbst zu rauchen, wedelte sich der alte Mann den Rauch heran, rieb ihn zwischen seinen Handflächen, fächerte ihn sich ins Gesicht und auf die Kleider. „Gut, gut", sagte er dabei. Als die Pfeife leer war, bat er Red Haired Bear, die Asche sehr sorgfältig zu leeren, noch einmal etwas kinnikinick darunter zu mischen und mit dieser Mixtur die Pfeife abermals zu füllen.

Als Cheyennes, die von der Agentur zu uns stießen, Kaffee, Zucker und Tabak mitbrachten, herrschte große Freude. Die Luxusgüter wurden unter Freunde verteilt, eine kleine Menge dem, eine kleine Menge jenem. Dieser und jener im Lager trat dann vor sein Zelt, rief die Namen seiner engsten Freunde und sagte: „Ich habe Tabak. Kommt und raucht mit mir." Oder: „Ich habe Kaffee und Zucker. Kommt und feiert mit mir."

Jeder Indianer, der angesehen sein will, ist verpflichtet, das, was er hat, mit seinen Freunden zu teilen, ja er muß sogar seinen Gegnern etwas abgeben, wenn die in friedfertiger Absicht zu ihm kommen und in Not sind. Das oberste Gesetz der Indianer lautet: Sei großzügig gegenüber allen anderen Indianern.

Last Bull, der führende Häuptling der Fox-Krieger, kam gegen Ende des Winters (Februar 1876) mit seiner Familie zu uns. Er war der erste, der uns aus unserem Frieden mit der Ankündigung aufschreckte: „Soldaten kommen! Die kämpfen gegen uns!"

Er erzählte, die Weißen würden gegen alle Cheyennes und Sioux kämpfen, die nicht in der Reservation lebten. Er wußte nicht, aus welchem Fort die Soldaten kommen würden. Er hatte auch nicht gehört, wer ihre Anführer waren. Aber das machte keinen Unterschied. Wir glaubten Last Bulls Bericht nicht. Wir meinten, je-

Die Häuptlinge Sitting Bull, Swift Bear und Spotted Tail (von links nach rechts sitzend), der Dolmetscher Julius Meyer und Red Cloud (stehend) 1870 in Omaha

mand habe ihm etwas erzählt, was nicht wahr sei. Der Vertrag erlaubte uns, hier zu jagen, sofern wir nur keinen Krieg gegen die Weißen begannen. Wir waren friedlich.

Seit Monaten hatte ich keinen Weißen mehr zu Gesicht bekommen. Wir kümmerten uns auch nicht um sie. Wir versuchten, uns von allen Weißen fernzuhalten. Sollten sie uns doch auch in Ruhe lassen.

Unsere alten Männer erklärten uns: Die Weißen wollen nicht, daß wir herumziehen und jagen. Sie wollen, daß wir in ihrer Nähe bleiben, damit sie uns ihre Waren und Whisky verkaufen können.

Unsere alten Männer beschworen die Jungen immer wieder, keinen Whisky zu trinken.

Dieser Rat wurde oft nicht beachtet und belächelt, aber jetzt gab es doch mehr und mehr Indianer, die ihn ernst nahmen. Bis zu diesem Zeitpunkt hatte ich nie auch nur einen Tropfen Whisky genossen.

Viele Büffel weideten auf dem Gras am oberen Tongue-Fluß, am Powder, seinen Nebenarmen und im Land zwischen diesen Flüssen. Es gab auch viele Elche, Rehböcke und Antilopen. Fast überall konnten die Jäger diese Tiere aufspüren. Viele Fohlen wurden in diesem Frühjahr in unserer Ponyherde geboren. Wir waren wohlhabend, zufrieden und hielten Frieden mit den Weißen.

Warum sollten Soldaten kommen und gegen uns kämpfen? Nein, diese Nachrichten mußten auf einem Irrtum beruhen.

Spotted Wolf, Medicine Wolf und Twin, drei Cheyenne-Häuptlinge, stießen zu uns am Powder-Fluß. Sie rieten uns, auf die Agentur zu ziehen.

„Soldaten werden kommen und gegen euch kämpfen", sagten auch sie. Jetzt glaubten wir es. Die Häuptlinge unserer Gruppe berieten sich. Am nächsten Tag war abermals eine Ratssitzung.

„Nein, wir bleiben hier", wurde beschlossen. „Wenn die Soldaten kommen, nehmen wir ihnen ihre Pferde weg. Dann können sie nicht gegen uns kämpfen."

40 Zelte der Cheyennes standen jetzt am Westufer des Powder-Flusses, vierzig oder fünfzig Meilen oberhalb der Einmündung des Kleinen Powder. Die Nachrichten der drei Häuptlinge ließen uns sehr wachsam sein. Alle Jäger hielten nach weißen Soldaten oder ihren Spuren Ausschau. Die Frauen und alten Leute im Lager waren stets zum Aufbruch bereit.

8. Custer macht Politik

Das amtierende Staatsoberhaupt der USA, Ulysses Simpson Grant, 18. Präsident der Vereinigten Staaten, hatte, ehe er in die Politik ging, als General gedient. Als Oberbefehlshaber des Heeres der Nordstaaten während des Bürgerkrieges war er noch populärer gewesen als Custer, der „Knabengeneral". Er galt als Vater des Sieges der Union.

Aber als Präsident war er jetzt in arger Bedrängnis. Den Republikanern, der Partei, die ihn seinerzeit nominiert hatte, drohte bei den Wahlen im November 1876 mit ziemlicher Sicherheit eine Niederlage. Das Repräsentanten-Haus, in dem die Demokratische Partei die Mehrheit hatte, war aufgebracht, weil Grant Vorschlägen zu einer humanen Politik gegenüber den Indianern eigensinnig Widerstand entgegensetzte. Als Höhepunkt aller Schwierigkeiten der Nachkriegszeit war in Süd-Carolina ein mit Waffengewalt ausgetragener Konflikt zwischen Weißen und Schwarzen ausgebrochen. Grant hatte Bundestruppen aufbieten müssen, um Ruhe und Ordnung wiederherzustellen. Fünf Schwarze waren bei den Unruhen ums Leben gekommen.

Beträchtliche Aufregung rief auch eine Untersuchung gegen den Sprecher des Repräsentanten-Hauses, James G. Blaine, hervor, der im Amt Schmiergelder der Union Pacific Eisenbahngesellschaft angenommen haben sollte. Bei seiner Verteidigungsrede hatte sich Blaine eher mehr be- als entlastet.

Noch bedrohlicher aber waren die Anschuldigungen gegen den Kriegsminister William W. Belknap. Seit dem Winter 1875 hielten sich Gerüchte über eine Korruptionsaffäre im Kriegsministerium, die durch bissige Leitartikel in der „New York Herald" immer wieder angeheizt wurden.

Grant war es gewöhnt, von der Presse schlecht behandelt zu werden. Viele Journalisten stellten ihn gern als einen dem Alkohol zugetanen Schwachkopf hin, und dies, obwohl er seit dem Augenblick, da er Präsident geworden war, keinen Tropfen mehr angerührt hatte. Am gefährlichsten für Grant wurde ein Aufsatz im „Herald", der die Überschrift „Belknaps Anaconda" trug und im März 1876 erschien. In diesem Bericht wurde der Bruder des Präsidenten, Orville Grant, mit Korruptionsfällen im Kriegsministerium in Verbindung gebracht.

Der Schreiber behauptete, daß Orville Grant und Mrs. Belknap, die für ihren Ehemann handelte, Einkünfte aus ungesetzlichen Verkäufen von Armeevorräten, die eigentlich für die Forts im Westen und die Indianerreservationen bestimmt gewesen waren, zwischen sich aufgeteilt hätten.

Da die Öffentlichkeit sich stark für den Westen interessierte, enthielt dieser Artikel politisches Dynamit. Grant sah sich gezwungen, Belknap fallen zu lassen. Im Mai wurde Alphonso Taft aus Ohio dessen Nachfolger im Kabinett.

Bei ihrem Urlaub in New York genossen Custer und seine Frau das gesellschaftliche Leben in der größten Stadt des Landes in vollen Zügen. Sie gingen viel ins Theater und sahen unter anderem eine Aufführung von Shakespeares „Sturm". Sie erlebten den damals berühmten Schauspieler Joe Jefferson in der Titelrolle des Stücks „Rip Van Winkel".

Custer traf sich mit seinem alten Gönner, James Gordon Bennett. Er hatte sich nicht getäuscht. Es gab einige einflußreiche Leute, die ihn, Armstrong Custer, gern als Präsidentschaftskandidaten gesehen hätten. Und Gordon Bennett, der Herausgeber der „Herald", zählte auch zu ihnen.

Mit einem mächtigen Zeitungsverleger im Rücken schien es nicht ausgeschlossen, daß Custer den sich ebenfalls in der Demokratischen Partei um die Kandidatur bewerbenden Tilden würde aus dem Feld schlagen können. Aber es mußte noch etwas Wirbel entstehen. Gegen Custer sprach, daß er für das hohe Amt noch etwas zu jung war.

Präsident Ulysses S. Grant

Aber es stand ja ein Feldzug gegen die Sioux und Cheyennes bevor. Eine großartige Gelegenheit, sich weiter zu profilieren und in jedem Haus, in jeder Blockhütte der USA den Namen Custer bekannt zu machen.

Im Januar 1876 reisten Armstrong und Libbie in den Westen zurück. Auf den Ebenen, westlich von St. Paul, blieb der Zug in einer riesigen Schneewehe stecken. Heizmaterial und Lebensmittel wurden knapp, und immer höher türmte sich draußen um die Wagen der Schnee. Den Reisenden wurde es angst und bange. Männer waren solchen Strapazen gewachsen, aber die Frauen . . .

Nach zwei Tagen Gefangenschaft hörte Libbie im Schneetreiben einen vertrauten Laut. Der Ruf der Custers. Tom war mit einem Pferdeschlitten gekommen. Libbie wurde durch den hohen Schnee getragen und im Schlitten in Stroh und neben die Jagdhunde gepackt, die sie warm hielten. Sie befürchtete dann nur noch, der Kutscher könne sich bei dem Blizzard, der wehte, verirren.

Kaum waren sie heil und sicher in Fort Lincoln angekommen, da traf ein Telegramm ein, das Custer nach Washington rief.

Dort tagte ein Untersuchungsausschuß wegen der Belknap-Affäre. Armstrong sollte über seine Erfahrungen als Kommandant von Fort Lincoln gehört werden.

Er überlegte, wie er sich dieser leidigen Aufforderung entziehen könne. Er hatte nichts zu verbergen. Im Gegenteil, seine Aussagen konnten Munition für seine politischen Freunde sein. Aber hier im Westen würde bald der Feldzug gegen die Sioux beginnen, und es waren noch einige Gespräche nötig, um dem Oberkommandierenden, General Sheridan, klarzumachen, welche Vorteile es auch für ihn haben würde, wenn man Custer die Befehlsgewalt über diese schwierige Expedition übertrug.

Jemand, der unter Umständen Präsident der USA wurde, mochte später für einen General ein wichtiger Freund sein. Man brauchte solche Dinge nicht auszusprechen. Sheridan wußte ohnehin nach den Indianerkämpfen im Süden, was er an Custer hatte. Aber es würde gut sein, bei einem Gespräch beiläufig einfließen zu lassen, welche weitreichenden Pläne sich mit Gordon Bennett bei der Begegnung in New York ergeben hatten.

Custer sandte also ein Telegramm an den Vorsitzenden des Untersuchungsausschusses und bat, wegen dringender Dienstgeschäfte, die Antworten zu den ihm gestellten Fragen schriftlich abgeben zu dürfen.

Die Parlamentarier in Washington waren hartnäckig. Der Ausschuß witterte wichtige Enthüllungen. Custer mußte persönlich erscheinen.

Tatsächlich brachten seine Aussagen eine kleine Sensation.

Ja, gab Custer auf Befragen zu, sein Kommandoposten sei über lange Zeit hin mit zu wenig Proviant beliefert worden. Die zurückgehaltenen Waren habe Belknap für private Geschäfte benutzt.

Und dann platzte die Bombe: Custer bestätigte vor dem Ausschuß, daß der Bruder des Präsidenten, Orville Grant, um all diese trüben Machenschaften gewußt habe.

Präsident Grant war außer sich vor Zorn.

Was bildete sich dieser Custer ein. Grant erinnerte sich an die Siegesparade im Juni 1865. Damals war Custer an der Tribüne der Prominenz, auf der auch Grant saß, zu Pferde vorbeigeschossen, ohne zu salutieren. Daß auch einem erfahrenen Kavalleristen einmal das Pferd durchgehen kann, hatte der Präsident nie als Entschuldigung gelten lassen wollen. Nein, nein, schon diese Szene damals war als Mißachtung seiner Autorität gedacht. Und jetzt ...

Armstrong mußte erleben, wie sich plötzlich gute Beziehungen zu gewissen Politikern der Republikaner in Luft auflösten. Er bemühte sich um ein Gespräch mit Grant, wollte dabei Mißverständnisse ausräumen. Grant ließ ihn seine Macht spüren. Der Präsident sei stark beschäftigt, hieß es.

Custer wurde nervös. Tag für Tag in einem Vorzimmer zu sitzen und zu warten, ob der Präsident vielleicht doch noch geruhen werde, ihn zu empfangen — das gehörte zu den Situationen, die er haßte.

Er wußte, daß im Westen die Vorbereitungen für den Indianerfeldzug angelaufen waren. Und er war nicht zur Stelle.

Endlich entschloß er sich kurzerhand abzureisen. Er kam bis Chicago. Dort wurde er auf Befehl des Kriegsministeriums verhaftet.

Custer wütete. Das wurde ja immer schöner. War dies ein freies Land? War es schon so weit, daß man wegen einer ehrlichen Aussage vor einer parlamentarischen Untersuchungskommission vor das Kriegsgericht kam?

Der Grund für die Verhaftung war lediglich darin zu sehen, daß Custer es unterlassen hatte, sich vor seiner Abreise aus Washington auf dem Kriegsministerium ordnungsgemäß abzumelden.

Aber seiner Meinung nach steckte doch mehr dahinter. Warum sonst war es ihm untersagt, seine Reise ins Dakota-Territorium fortzusetzen?

General Phil Sheridan schaltete sich ein.

Es war schon so: Er brauchte Custer. Gut, auch General Alfred Terry konnte den Oberbefehl für den Feldzug gegen die Sioux übernehmen. Aber Terry war kein erfahrener Indianerkämpfer.

Es kam zu einem stürmischen Briefwechsel zwischen Sheridan und Grant. Auch General Sherman verwandte sich beim Präsidenten für Custer.

Der endgültige Bescheid ließ Custer mit den Zähnen knirschen.

Der Oberbefehl blieb bei Terry. Er, Armstrong Custer, der bekannteste unter allen Indianerkämpfern der Armee, würde lediglich sein altes Regiment, die 7. Kavallerie, befehligen, im übrigen aber Terry unterstellt sein.

Custer sah noch eine Möglichkeit, dieses ganze Netz von Intrigen, das in Washington seiner Meinung nach gegen ihn gesponnen worden war, zu zerfetzen. In klarem Widerspruch zu Sheridans Anweisungen schwatzte er Terry das Einverständnis ab, einen Zeitungskorrespondenten auf den Feldzug in die Wildnis mitnehmen zu dürfen.

Es war dies Mark Kellogg, angestellt bei der „Bismarck Tribune" und Sonderkorrespondent für die „New York Herald", die Custers politischem Freund James Gordon Bennett gehörte.

Für Publizität war also gesorgt. Jetzt brauchte Custer nur noch einen großen Sieg, und um den war ihm nicht bange. Bis nach Chicago, ja bis nach Fort Lincoln reichte Grants Arm. Aber draußen in der Wildnis galten andere Gesetze. Dort war man auf sich allein gestellt. Und wer alles wagte, gewann.

Die Karte, die General Phil Sheridan in seinem Hauptquartier in Chicago bei der Vorbereitung des Feldzuges gegen die Sioux studierte, war nicht sehr genau. Kartographen, die in dieses Gebiet eingedrungen waren, hatten für ihre Neugier meist mit dem Skalp bezahlen müssen.

Scouts hatten dem General erklärt, es könne zu einem Treffen der „freien Sioux" um Sitting Bull und Crazy Horse in einem etwa dreieckigen Gebiet kommen, das zweimal so groß wie der Bundesstaat New York war. Grob gesprochen wurde dieses Gebiet im Norden vom Yellowstone, im Südwesten vom Großen Bighorn-Gebirge und im Osten vom Kleinen Missouri begrenzt. Vom Kleinen Missouri aus westwärts flossen der Powder, der Tongue, der Rosebud, der Kleine Bighorn und der Bighorn-Fluß nördlich in den Yellowstone. Große Teile der offenen, rollenden Prärie wurden von tiefeingeschnittenen Schluchten, sogenannten Coulees, und tiefen Hohlwegen bedeckt. Seltsam geformte Felsen zwischen den Flüssen und Treibsand entlang der Wasserläufe würden den Marsch der Armee-Einheiten erschweren.

In der nordwestlichen Ecke hatte General John Gibbon das

Kommando über die Forts Benton, Cooke, Shaw und Ellis. General George Crook war in Fort Fetterman, weit unten im Süden, stationiert. Brigadegeneral Alfred Terry und mit ihm Oberstleutnant Custer würden von Fort Lincoln im Osten aus aufbrechen. Der Feldzugsplan mit den drei Angriffsspitzen war einfach. Gibbons Abteilung aus Montana würde entlang dem Yellowstone nach Osten vorrücken. Crook sollte nach Norden, in das Land am Powder River marschieren. Terry und Custer würden westwärts, etwa parallel zum Yellowstone, vorgehen. Alle drei Abteilungen mußten sich dann in der Gegend des Bighorn-Flusses treffen, wo sie eine unbekannte Anzahl Indianer einschließen konnten.

Die Planung hätte aufgehen können, wenn nicht unvorhersehbare Einflüsse — Wetterbedingungen, Geländeverhältnisse, Mißachtung der Befehle — ins Spiel gekommen wären. Vor allem aber beging schon der General in seinem Hauptquartier einen Fehler, der sich später bei den Kommandeuren der einzelnen Heeresgruppen wiederholte. All diese Offiziere unterschätzten ihren Gegner.

Gibbon erhielt seinen Marschbefehl am 27. Februar, aber wegen Schneeverwehungen, Temperaturen von 40 Grad unter Null, Fällen von Frostverletzungen und Schneeblindheit, schlechten Wegstrecken, auf denen die Proviantwagen umkippten, wurde es Mitte Mai, ehe sich seine Abteilungen versammelt hatten und auf dem Weg ins Gefecht waren.

Die Dakota-Kolonne hätte Fort Lincoln im April verlassen sollen, doch wegen der Auseinandersetzungen mit Präsident Grant wurde es ebenfalls Mai, ehe sie aufbrach. Sie mühte sich durch Schlammfelder, während schwere Regenfälle auf die Reiter niedergingen. Crook hatte seine Männer auf verschneiten Trails schon in den ersten Märztagen von Fort Laramie aus nach Norden geführt. Eine Gruppe Indianer spürte sein Lager bei Nacht auf und trieb seine Viehherden fort. „Der Graue Fuchs", wie die Indianer Crook nannten, errichtete ein Basislager nahe den Ruinen von Fort Reno und marschierte über Fort Kearny hinaus dem Powder-Fluß entgegen. Dort sandte er Oberst Reynolds zu einem Angriff gegen ein Indianerdorf, das an den Ufern des Flusses lag, aus. Das Lager wurde überraschend angegriffen und niedergebrannt, aber die Cheyennes und Sioux schlugen mit solcher Wucht zurück, daß Reynolds und schließlich auch Crooks gesamte Streitmacht sich gezwungen sahen, nach Fort Fetterman zurückzuweichen.

Am 29. Mai, genau zwölf Tage, nachdem die Dakota-Abteilung von Fort Lincoln ausgezogen war, marschierte auch General Crook mit einer neuaufgestellten und verstärkten Expedition wieder nach Norden. Diesmal hielt er Ausschau nach einem großen Indianerlager in der Umgebung des Rosebud. Das Dorf war nicht zu finden. Die Indianer waren längst weitergezogen. Sie hatten die Wasserscheide überquert und waren nun ins Tal des Kleinen Bighorn unterwegs.

Aber Crazy Horse mit 1000 Cheyennes, Blackfoot, Oglala, Unkpapa, San Arc und Minneconjou Sioux warf sich Crook entgegen. Am Morgen des 17. Juni kam es am Rosebud zu einem Gefecht. Der Kampf tobte über ein Gebiet von mehreren Meilen hin, ein felsiges, mit Büschen überwuchertes Terrain auf beiden Seiten des Flusses.

Als die Sonne unterging, überließen die Indianer Crook das Schlachtfeld, aber er hatte zehn Mann verloren, 21 waren verwundet worden. Er besaß kaum noch Munition, und der Proviant wurde knapp. Crook hatte die geballte Kampfstärke der Sioux-Nation zu spüren bekommen. Er war gewarnt. Vorsichtig zog er sich zu seinem Basislager im Süden zurück.

Als die „Siebente" am 17. Mai in Fort Lincoln auszog, spielte die Kapelle „The Girl I left behind". Bei der Kavallerie befanden sich drei Kompanien Infanterie, drei Gatling-Geschütze, eine große Rinderherde mit Treibern, ein Zug von über 150 mit Maultieren und Pferden bespannten Wagen, 40 Arikara und Crow-Scouts, weiße Scouts und Übersetzer und vier Mitglieder der Familie Custer. Entlang

Versorgungsschiff Rosebudd auf dem Yellowstone

des Yellowstone operierte die „Far West" mit zusätzlichem Proviant, außerdem sollte der Dampfer als Fährschiff eingesetzt werden und die Verwundeten aufnehmen.

20 Tage später und nach 318 Meilen schlug Terry am Zusammenfluß des Powder und des Yellowstone sein Lager auf. Um dorthin zu gelangen, hatte der Verband angeschwollene Ströme überqueren müssen, man hatte sich durch die Badlands am Kleinen Missouri gemüht, den einen Tag hatten sich Soldaten Frostbeulen geholt, am nächsten fast einen Sonnenstich; Moskitos und Klapperschlangen hatten die Männer und die Pferde geplagt.

Jetzt machte sich die Siebente zum Kampf bereit. Die Infanterie blieb zur Bewachung des Wagenzuges zurück. Den Maultieren legte man Packsättel auf. Die grauen Pferde der Kapelle wurden an eine der Kavalleriekompanien abgegeben. Die langen Säbel wurden weggepackt. Zwar war diese Waffe bei den Indianern sehr gefürchtet, aber bei Angriffen verriet das Geräusch der gegen das Sattelleder schlagenden Säbelscheiden oft schon lange vorher die Reiter dem Feind. Major Reno wurde zur Erkundung den Powder-Fluß hinaufgeschickt. Custer ritt über Land. Er wollte Reno an der Mündung des Tongue wieder treffen.

Am 17. Juni tauchte Reno am Rosebud, noch weiter westlich also, auf. Der Major hatte am oberen Rosebud eine breite Spur entdeckt, die von Tausenden hinter den Pferden dreinschleifenden Zeltstangen herrührte. Die Spur verlief hinüber ins Tal des Kleinen Bighorn River. Reno wußte nichts von dem Gefecht, das in diesen Tagen zwischen Crook und Crazy Horse stattgefunden hatte. Auch Terry, der sich noch zwei Nebenflüsse weiter östlich befand, war von diesen Ereignissen nichts bekannt. Er beorderte jetzt Custer zum Rosebud und fuhr dann mit dem Dampfschiff stromaufwärts zu einem Gespräch mit Gibbon.

Am Mittwoch, den 21. Juni 1876, gab Terry ein Telegramm an General Sheridan in Chicago auf. Es lautete:

„Sind bisher noch auf keine Indianer gestoßen, haben je-

doch Spuren von einem großen, erst kürzlich verlassenen Lager zwanzig oder dreißig Meilen am Rosebud aufwärts entdeckt. Gibbons Abteilung zieht heute morgen auf dem Nordufer des Yellowstone bis zur Mündung des Bighorn. Dort wird sie übersetzen und dann zur Mündung des Kleinen Bighorn vorstoßen. Custer kommt morgen mit seinem ganzen Regiment zum Rosebud, folgt dem Fluß bis ins Quellgebiet und stößt von dort in das Tal des Kleinen Bighorn vor. Hoffe, wir werden die Indianer bald gefunden haben."

9. Wooden Leg erzählt: Wir müssen kämpfen

März 1876:

Mein älterer Bruder Yellow Hair und ich gingen auf Kundschaft. Wir stiegen bei Nacht auf unsere Pferde und ritten das Tal des Powder-Flusses hinauf. Als wir auf einen Hügel kletterten und Ausschau hielten, liefen uns die Pferde fort. Wir gingen zu Fuß weiter. Wir sahen Lagerfeuer in den trockenen Rinnen am West-ufer des Powder-Flusses. Einige andere Gruppen der Cheyennes waren ebenfalls als Spähtrupps unterwegs. Eine Gestalt zu Pferde zeigte sich einen Augenblick auf einem Höhenzug. War es ein weißer Mann? Ein Cheyenne? Ein Indianer eines anderen Stammes? Es mußte ein weißer Mann, ein Soldat gewesen sein. Je-mand in unserer Nähe handelte rasch.

„Bang!"

Das Pferd und der Reiter verschwanden. Mein Bru-der und ich warfen uns auf den Boden und blieben lange so liegen. Wir sprachen davon, den Soldaten die Pferde zu stehlen. Unsere Pferde hatten wir ver-loren. Wir mußten uns unbedingt wieder welche be-schaffen. Wir krochen voran, bis wir einen Soldaten erkannten, der vor einer langen Reihe von Pferden auf und ab ging. Er hatte ein Gewehr. Während wir noch berieten, was wir tun sollten, kam ein anderer Soldat zu den Pferden. Sie machten sich fertig zum Aufbruch. Ein paar Minuten später war die ganze Ab-teilung weitergezogen. Wir gingen in das aufgegebene Lager. Wir stocherten in den verlöschenden Feuern.

Plötzlich: „Bang!" Eine Kugel pfiff an uns vorbei.

Wir rannten. Wieder wurde auf uns geschossen. Wir liefen zu einem engen Canyon. Wir tauchten von Versteck zu Versteck und sahen, daß berittene Solda-ten uns verfolgten. Von der Höhe schossen sie auf uns. Aber sie konnten uns wohl nicht genau sehen. Es wehte ein starker Wind. Wir eilten zu einer Stelle, an der die Schlucht zu einem Höhenrücken auslief. Es war uns gelungen, unsere Verfolger abzuschütteln. Wir waren müde, sehr müde. Wir wollten rasten, aber wir fürchteten, unsere Beine könnten steif werden. Also trotteten wir weiter. Bei Morgengrauen hörten wir die Hunde unseres Lagers bellen.

„Waoo-oo-oo-oo!"

Wir stießen Wolfsgeheul von einer Hügelkuppe her aus, ehe wir ins Lager gingen. Der Alarm brachte unsere Leute auf die Beine. Sie kamen aus ihren Zelten. Der Rat der Alten trat sofort zusammen. Mein Bruder und ich mußten vor der Runde erscheinen. Andere junge Männer, die ebenfalls draußen gewesen waren, kamen hinzu.

„Ihr Jungen, was wißt ihr?" fragten uns die Häuptlinge. Wir berichteten. Wir hörten, daß der einzelne Reiter in der Nacht ein Cheyenne gewesen war. Ein anderer Cheyenne hatte ihn mit einem Schuß am Handgelenk verletzt. Ein Mißverständnis.

Der Rat der alten Häuptlinge beschloß, daß wir uns von den Soldaten fern halten, aber nicht gegen sie kämpfen sollten. Der Ausrufer lief durch das Lager und rief: „Soldaten sind gesehen worden. Wahrscheinlich suchen sie nach uns. Wir verlegen das Lager weiter flußabwärts."

Unsere Jäger und Scouts hielten weiter Ausschau nach den Soldaten. Unser Lager wurde zu der Stelle verlegt, wo der Kleine Powder in den Powder-Fuß fließt, und zwar an das Westufer des größeren Flusses.

Die Soldaten kamen über die Berge ins Quellgebiet des Hanging Women Creek. Sie folgten diesem Fluß hinab zum Tongue. Wir fühlten uns sicher. Viele unserer Leute dachten: Die suchen gar nicht uns. Aber eines Tages jagten einige Cheyennes auf Antilopen an der Quelle des Otter Creeks, jenseits der Hügel westlich von unserem Lager. Dort entdeckten sie Soldaten, die kampierten. Die Jäger machten kehrt, um uns zu warnen. Einige der Pferde brachen unterwegs vor Erschöpfung zusammen. Die Reiter kamen zu Fuß ins Dorf. Der Ausrufer verständigte die Leute. Es gab große Aufregung. Der Rat bestimmte zehn junge Männer, die in der Nacht ausgehen und die Soldaten im Auge behalten sollten. Andere gingen auch auf Kundschaft, blieben wach und beobachteten, aber nur diese zehn hatten den ausdrücklichen Auftrag. Die meisten Leute schliefen ruhig. Es waren ja Posten aufgestellt.

Zeitig am Morgen wachte ein alter Mann auf und stieg auf einen kleinen Hügel, um dort zu beten, wie es die Alten bei uns häufig tun. Er war nur ein paar Augenblicke dort gewesen, dann kam er schreiend ins Lager zurück.

„Die Soldaten sind da! Soldaten . . ."

Schon waren die angreifenden weißen Männer zwischen der Pferdeherde und dem Lager. Die zehn Scouts hatten in der Dunkelheit und bei dem schlechten Wetter die Soldaten verfehlt. Sie hatten eine Spur gefunden, die in das Tal des Creeks hinaufführte. Sie wendeten ihre Pferde und schlugen auf sie ein, um vor den Eindringlingen im Dorf zu sein. Aber die Pferde schafften es nicht. Die Scouts holten die Soldaten erst ganz in der Nähe des Lagers ein.

Frauen schrien. Kinder heulten. Die alten Leute taumelten und stolperten voran, um aus dem Bereich zu entkommen, in dem schon Kugeln einschlugen. Krieger griffen nach irgendeiner Waffe, die sie gerade fanden, und versuchten sich zu verteidigen. Ich besaß einen Vorderlader, hatte aber keine Munition. Meinen Six-Shooter hatte ich Star, meinem Cousin, geliehen, der zu den zehn Scouts gehört hatte. Dafür hatte er mir seinen Bogen dagelassen.

Ich versuchte zu Fuß an unsere Pferdeherde heranzukommen. Ich warf einem der Tiere die Schlinge über den Kopf. Es gehörte Old Bear, einem Althäuptling unserer Gruppe. Aber jetzt wurde es mein Kriegspony. Ich machte aus dem Lasso rasch provisorisches Zaumzeug und Zügel und stieg auf.

Einige andere Cheyennes machten es ebenso, aber die meisten waren zu Fuß. Ich schoß Pfeile auf die Soldaten ab. Unsere Leute hatten nicht viel anderes. Nur ganz wenige hatten Gewehre und die passende Munition.

Alle Soldaten, die zuerst auftauchten, hatten weiße Pferde. Ich versuchte, zurück zu unserem Zelt zu kommen. Ich wollte meinen Schild und die Medizin-Utensilien holen. Frauen, bepackt mit großen Bündeln, mühten sich voran. Andere zerrten ihre Kinder hinter sich her oder trugen sie. Alle schrien vor Angst. Ich kam zu einer Frau, die trug einen Packen auf dem Rücken, ein kleines Mädchen unter einem Arm, und ein älteres Mädchen hing an ihrer rechten freien Hand. Die Frau heulte, die Kinder heulten. Alle waren sie erschöpft. Sie hatten sich gerade in ein Dickicht geflüchtet, als ich vorbeikam. Es waren Last Bulls Frau und seine beiden Töchter.

„Laß mich die Kinder nehmen", schlug ich vor.

Das ältere Mädchen, das vielleicht zehn Jahre alt war, wurde hinter mir aufs Pferd gesetzt. Etwas weiter und ich las noch einen achtjährigen Jungen auf, der hinter seiner Mutter hertrottete, die ein Baby auf dem Rücken schleppte und unter jedem Arm ein Kind hatte. Das Mädchen hinter mir legte ihre Arme um meine Hüfte. Ich schlang einen Arm um den Jungen, der vor mir saß. Mit der freien Hand lenkte ich das Pferd, so gut es eben ging. Das Tier war aufgeregt. Es scheute. Aber ich brachte die beiden Kinder in Sicherheit. Dann ritt ich zurück, um beim Kampf zu helfen. Two Moons, Bear Walks und ich waren zusammen. Wir ritten einen Angriff auf einen Soldaten. Two Moons hatte ein Repetiergewehr. Während wir in unserem Versteck warteten, umspannte er mit den Händen den Lauf und sagte: „Meine Medizin ist gut, paß auf, ich werde den Soldaten töten."

Er feuerte, aber seine Kugel traf nicht. Bear Walks schoß mit seinem Vorderlader. Seine Kugel traf den Soldaten in den Hinterkopf. Wir stürzten uns auf den

Der Sioux-Häuptling Gall

Mann, hieben auf ihn ein und erstachen ihn. Ein anderer Cheyenne kam uns zu Hilfe. Er nahm das Gewehr des Soldaten. Ich zog dem Toten das blaue Kleid aus und behielt es.

Ein Cheyenne wurde von den Soldaten getötet. Einem anderen zertrümmerten sie den Unterarm. Braided Locks riß eine Kugel ein Stück Haut an der Wange fort. Die Cheyennes wurden aus dem Lager herausgedrängt. Unsere Zelte brannten. Explosionen hier und dort zeigten an, wo noch Pulver und Munition gelegen hatte. Unser Stamm war jetzt arm. Mir selbst war nichts geblieben als die Kleider, die ich auf dem Leib trug, und die erbeutete Uniform. Meine Knochenflöte, eine Medizinpfeife, mein Gewehr — all das war verloren.

Dies geschah im letzten Teil des Winters. *(17. März 1876. Was Wooden Leg beschreibt, ist das Gefecht mit Oberst Reynolds, von dem aus der Sicht des Weißen Mannes im letzten Kapitel schon die Rede gewesen ist.)*

Überall rann das Wasser von geschmolzenem Schnee. Wir wateten durch den Powder-Fluß und machten uns in östlicher Richtung davon. Alle Leute, außer den Kriegern, waren zu Fuß. Ein paar junge Männer zu Pferde blieben zurück, um die Flucht der anderen zu decken. Eine blinde alte Frau wurde vermißt. Die Soldaten folgten uns nicht.

In dieser Nacht ritten jene, die Pferde besaßen, zurück, um zu schauen, was aus den Soldaten geworden war. In dem sonst völlig zerstörten Lager stand noch ein Zelt. Wir gingen hinein. Da saß die vermißte blinde Frau. Ihr Tipi war unberührt geblieben. Wir sprachen darüber, und alle waren sich einig, daß es auch Soldaten gibt, die gute Herzen haben.

Wir stießen auf das Lager der Soldaten. Wir sahen auch die Pferde, die sie uns weggenommen hatten. Wir krochen auf die Herde zu. Ein Cheyenne raunte:

„Ich kann mein Pferd sehen." Ein anderer flüsterte: „Und dort ist meines."

Einige entdeckten ihre Pferde nicht. Sie nahmen, was sie bekamen. Ich holte mir mein Lieblingspferd. Wir versuchten auch noch, einige Pferde der weißen Männer zu stehlen, aber da eröffneten die Soldaten auf uns das Feuer, und wir trieben von den Tieren unserer Herde so viele davon, wie wir nur konnten. Als wir zurückkamen, gaben wir den Frauen und den alten Leuten Pferde, damit sie reiten konnten. Ich brachte Old Bear das Pferd, das ich in Sicherheit gebracht hatte, als die Soldaten mit ihrem Angriff begannen. Er sagte: „Danke, mein Freund."

Er ließ seine Frau reiten und ging weiter zu Fuß. Wir zogen ostwärts und dann nordwärts. Wir überquerten den Kleinen Powder-Fluß und zogen auf dem hohen Ufer dahin. Drei Nächte schliefen wir uns aus. Nur wenige hatten Decken. Auch zu essen gab es kaum etwas, nur einige Frauen hatten ein paar Stücke getrocknetes Fleisch in ihren Bündeln retten können. Nachts war es bitter kalt, tagsüber lag man im Schlamm, und es regnete. Fast alle wurden krank. Zeitig am vierten Tag erreichten wir unser Ziel, das Lager der Oglala-Sioux östlich des Powder. Drei oder vier Oglala-Zelte hatten in unserem Dorf gestanden, als die Soldaten kamen. Diese Leute reisten mit uns und führten uns in das Lager ihrer Verwandten.

Die Oglalas empfingen uns gastfreundlich. Crazy Horse war ihr Oberhäuptling. Die Ältesten in den Zelten rief uns zu: „Cheyennes, kommt her und eßt mit uns."

Sie gaben uns Lebensmittel, gewährten uns vorübergehend Unterkunft und schenkten uns Decken. Am Abend hielten die Häuptlinge beider Stämme eine Versammlung ab. Unsere Männer berichteten vom Angriff der Soldaten. Es wurde beschlossen, daß die Oglalas und die Cheyennes zu den Unkpapa-Sioux ziehen sollten, deren Lager sich nordostwärts befand. Am nächsten Vormittag brachen alle in dieser Richtung auf. Die Oglalas liehen den Cheyennes Pferde. Keiner mußte zu Fuß gehen.

Buffalo Bill war der Oberhäuptling im Lager der Unkpapas. Es lebten dort mehr Menschen als die Cheyennes und Oglalas zusammen genommen. Als wir ankamen, wurden zwei große Spezialzelte in der Mitte des Zeltkreises aufgeschlagen. Unsere Männer zogen in das eine, die Frauen in das andere. In jedem Zelt saß ein Kreis von Cheyennes an den inneren Wänden. Die Unkpapa-Frauen hatten ihre Kessel auf das Feuer gesetzt, als sie uns kommen sahen. Jetzt brachten sie Fleisch. Das hörte nicht auf. Immer wieder kamen Frauen und brachten zu essen. Wir wurden regelrecht gestopft. Ein Ausrufer der Unkpapas ritt durch das Lager und rief: „Die Cheyennes sind sehr arm. Jeder, der Decken, Felle oder Zelte erübrigen kann, möge sie ihnen geben."

Scharen von Frauen und Mädchen kamen mit Geschenken. Ein zehnjähriges Unkpapa-Mädchen legte ein Büffelfell vor mich hin und verschwand dann. Es sollte mir gehören. Einer der Männer schenkte meinem Vater eine Medizinpfeife.

Wer Kleider brauchte, erhielt sie sofort. Wir wurden mit Geschenken überschüttet. Scharen von Männern und Frauen kamen und fragten, was wir noch nötig hätten.

„Wer braucht eine Decke?"

„Ich."

„Dann nimm diese."

„Wer will ein Zelt haben?"

„Gib mir es."

„Es gehört dir."

Sie brachten auch Pferde, viele Pferde.

„Wer will ein Pferd?"

„Ich."

„Da, nimm es."

Oh, sie hatten gute Herzen. Ich werde die Großzügigkeit der Unkpapa-Sioux unter Sitting Bull nie vergessen.

Die Frauen schleppten schwer, unsere Pferde waren voll beladen, als wir zu der Stelle zogen, an der wir unseren eigenen Zeltkreis aufrichten wollten. Jede Familie besaß ihr eigenes Zelt, so wie vor dem Überfall. Einige der neuen Tipis waren klein, aber damit konnte man sich schon einrichten, bis man wieder Büffelhäute hatte und sich neue, größere Zeltplanen schneidern konnte.

Die Lager der drei Stämme befanden sich 50 Meilen östlich des Powder-Flusses und östlich des großen weißen Steines, den die weißen Männer „Chark Butte" nennen.

Two Moon, ein anderes Mitglied des Stammes, berichtet über diese Ereignisse und über das, was dann geschah:

In diesem Frühjahr des Jahres 1876 lagerte ich mit fünfzig Zelten meines Volkes am Powder-Fluß. Die Stelle liegt nahe dem Ort, an dem heute Fort McKenney steht. Eines Morgens griffen Soldaten mein Lager an. Wir wurden überrascht und verstreut und ließen unsere Ponys zurück. Die Soldaten trieben alle Pferde fort. In dieser Nacht, als die Soldaten schliefen, nahmen wir ihnen die Tiere wieder ab. Wir reisten weit. Eines Tages stießen wir auf das Lager der Sioux bei Chark Butte. Wir kampierten mit den Sioux und hatten eine gute Zeit, viel Gras, viel Spiele, viel Wild, viel Wasser. Crazy Horse war der Oberhäuptling dieses Lagers. Sitting Bull kampierte etwas weiter unten am Kleinen Missouri.

Crazy Horse sagte zu mir: „Ich bin froh, daß du gekommen bist. Wir werden wieder gegen die weißen Männer kämpfen müssen."

Im Lager gab es noch viele verwundete Männer, Frauen und Kinder.

Ich sprach zu Crazy Horse: „Schon recht. Ich bin bereit zu kämpfen. Ich habe schon gekämpft. Meine Leute sind getötet worden, meine Pferde wurden mir gestohlen. Was bleibt mir anderes als der Kampf."

Zu dieser Zeit glaubte ich, die Großen Geister wünschten den Kampf. Für sie war das alles ein Spiel. So dachte ich damals über das Kämpfen.

Im Mai, als das Gras hoch stand und die Pferde stark waren, brachen wir das Lager ab und zogen in das Land an der Mündung des Tongue-Flusses. Dann gingen Sitting Bull und Crazy Horse hinauf zum Rosebud. Dort kam es zu einer Schlacht mit General Crook, und er wurde geschlagen. Viele Soldaten wurden getötet, aber nur wenige Indianer fielen. Es war ein großes Gefecht, viel Rauch und Staub.

Von dort aus zogen wir über die Wasserscheide und lagerten im Tal des Little Bighorn. Jeder dachte: „Jetzt sind wir aus dem Land des weißen Mannes heraus. Hier können wir leben."

Ein paar Tage später, als ich nördlich von Sitting Bulls Lager ausritt, kam ein Bote der Sioux und sagte: „Laß alle sich anmalen, laß alle auf Vorrat kochen. Wir wollen einen großen Tanz veranstalten."

Die Cheyennes machten sich an die Arbeit. Sie kochten, schnitten Tabak. Sie bereiteten alles vor. An diesem Tag dachten wir nur an den Tanz. Wir waren sehr froh, so weit von dem weißen Mann entfernt zu sein.

10. Dem Roten Tag entgegen

Terry zog mit seinem Regiment den Yellowstone hinauf und traf am Rosebud mit Major Reno zusammen. Gibbons Kolonne kampierte jenseits des Flusses. Das Hauptquartier befand sich an Bord des Dampfbootes „Far West", das auf dem Yellowstone trieb. Am 21. Juni kamen vom Schiff Signale, Custer möge zu einer Besprechung an Bord kommen. Ein Bootsmann ruderte ihn zu dem Dampfschiff. Armstrong kletterte die Reling hinauf, grüßte Terry und schüttelte Gibbon die Hand. Die drei Kommandeure gingen in eine Kabine und beugten sich über eine Karte. Scouts hatten in den letzten Tagen die Umgebung sorgfältig abgesucht. Sie waren sich einig, daß die Indianer am oberen Rosebud, am Little Bighorn oder am Big Horn selbst zu finden sein mußten. Nach ihren Schätzungen würde man auf 1000 bis 1200 Krieger stoßen. Custer meinte, es müßten 1500 Indianer sein. Seine Schätzung lag höher als die seiner Kollegen. Auf alle Fälle würde ein Regiment der Kavallerie leicht mit den Indianern fertig werden. Keiner der Offiziere dachte auch nur einen Augenblick an die Möglichkeit einer Niederlage. Das Problem bestand darin, die Indianer nicht entkommen zu lassen. Für alle von ihnen waren Indianer so etwas wie Wild, und dies war eine aufregende Jagd, bei der sie jetzt das Jagdfieber überkam. Eine Indianerspur war von Major Reno am Rosebud entdeckt worden. Ihr würde Custer mit all seinen Männern folgen. Das Dampfschiff konnte Gibbons Abteilung auf das Südufer des Yellowstone übersetzen und dem Trupp so weit den Big Horn hinauf folgen, wie sich dieser Fluß als schiffbar erwies. Auf diese Weise würde man die Indianer in die Zange nehmen.

Terry sagte, er würde Custer am anderen Tag noch einen

schriftlichen Befehl schicken. Der große dünne Mann war erschöpft nach dem Marsch mit Custers Abteilung. Er würde die Operationen vom Dampfschiff aus leiten.

Custer befahl seinen Offizieren, sich fertig zu machen — leichtes Marschgepäck, keine Zelte. Die Säbel der Kavalleristen würden auf das Dampfschiff gebracht werden. Von jetzt an sollten die Reiter in ihren Mänteln und Satteldecken schlafen. Jeden Morgen würde Appell abgehalten werden.

Armstrong war unruhig und drängte zur Eile. Seine Jagdhunde schickte er zu der Wagenabteilung. Boston Custer und Autie Reed ließ er von der Zahlmeisterabteilung zu seinem Stab versetzen. Alle Custers sollten seinen Sieg aus nächster Nähe miterleben. Auf dem Dampfschiff machte der Marketender ein gutes Geschäft. Jeder deckte sich mit Tabak und Schnupftabak ein und kaufte leichte Sommerhemden, in denen man nicht so stark schwitzte wie in den Flanell-Uniformen.

Am Morgen des 22. Juni erhielt Custer von Terry den angekündigten schriftlichen Befehl. Custer las:

„Oberst:
Der Kommandierende Brigade-General weist Sie an, mit Ihrem Regiment sobald wie möglich den Rosebud hinauf jene Spuren der Indianer zu verfolgen, die vor einigen Tagen von Major Reno entdeckt worden sind. Es ist freilich unmöglich, einen bestimmten Befehl für diese Operationen zu geben, wäre dem aber auch nicht so, so setzt der Kommandeur soviel Vertrauen in Ihre Zielstrebigkeit, Ihre Energie und Umsicht, daß er Sie nicht durch genaue Befehle einzuengen wünscht, sobald es zur Feindberührung gekommen ist. Sie sollten dann nach eigenem Ermessen angreifen können, falls sich nicht gewichtige Gründe ergeben, sich anders zu verhalten."

Der Befehl wiederholte im übrigen den Plan, der am Tag zuvor auf dem Schiff besprochen worden war, und schloß mit der Bemerkung, Custer solle davon ausgehen, mit der Abteilung Gibbon in etwa 15 Tagen am Kleinen Bighorn zusammenzutreffen.

Nach diesem Befehl begannen in Eile die letzten Vorbereitungen zum Aufbruch. Proviant und Munition mußten gefaßt werden. An den Sätteln waren letzte Reparaturen vorzunehmen. Jeder Reiter erhielt zwölf Pfund Hafer in seinen Futtersack. Armstrong kritzelte in Eile einen Brief an seine Frau Libbie:

Mein Liebling — es bleiben mir nur ein paar Augenblicke, um Dir zu schreiben. Wir brechen um zwölf auf, und ich habe alle Hände voll mit Vorbereitungen für die Scouts. Sorg Dich nicht um mich . . . ich hoffe, ich kann Dir schon mit der nächsten Post gute Nachrichten schicken. Ein Erfolg, und wir kommen alle zurück nach Lincoln.

Ich schicke Dir hier noch einen Auszug aus General Terrys offiziellem Befehl, weil ich weiß, wie sehr Du solche Worte des Lobes und des Vertrauens in mich zu schätzen weißt.

Dein ergebener Junge AUTIE

Im Westen türmten sich schwarze Gewitterwolken über dem Yellowstone auf. Stürme in dieser Gegend können sehr heftig sein. Aber das konnte Custer nicht schrecken. Gegen Mittag stand die Abteilung bereit zum Appell. Jeder Mann im Sattel. Der Packzug beladen. Es konnte losgehen. Armstrong war in seinem Element.

Die Generale Terry und Gibbon kamen vom Dampfschiff herüber und beobachteten zusammen mit Custer den Vorbeiritt des Regiments.

Am Nachmittag des ersten Tages ritt man nur zwölf Meilen. Gegen vier Uhr am Nachmittag schlug man im engen Tal des Rosebud das Biwak auf.

Custers Trompeter, John Martini, der früher bei Garibaldi Trommler gewesen war und nur gebrochen Englisch sprach, kam zu den Offizieren und richtete aus, sie sollten sich alle bei ihrem Kommandeur melden. Sie würden sein Fähnchen an einem Bullberry-Busch flußaufwärts finden.

Die Offiziere ritten an den Abteilungen vorbei, die abgesessen waren. Einige der Männer waren in einen dösenden Halbschlaf verfallen, andere schauten beeindruckt auf die Steilwände des Tales, hinter der unrasierten Wange ein Klumpen Kautabak.

In Custers Lager sah sich sein Adjutant Cook, ein Kanadier mit Backenbart, um, ob auch alle Offiziere anwesend seien. Dann sagte Custer: „Wir beginnen nun einen Erkundungsritt. Ich hoffe, das Unternehmen wird sowohl erfolgreich wie auch angenehm verlaufen. Ich bin gewiß, daß unser Regiment besser als jede andere Einheit in der Lage ist, diese Aufgabe zu erfüllen."

Zum ersten Mal umriß Custer jetzt vor den Offizieren seine genaueren Pläne und warnte, die Indianer würden entkommen, wenn man sie nicht überraschen könne. Niemand dürfe sich von der Abteilung entfernen. Größte Vorsicht sei geboten. Keine Schüsse, keinen unnötigen Lärm. Die Kommandos seien mündlich zu geben, nicht durch Trompetensignale.

„Für Vorschläge eines jeden Offiziers werde ich dankbar sein", fügte er hinzu, „vorausgesetzt, daß sie in der gehörigen Art und Weise gemacht werden. Ich möchte noch einmal unterstreichen, daß ich kein Murren hören will und darauf dringe, daß meine Befehle, wie die eines jeden Offiziers, striktest befolgt werden."

Er wurde dann noch deutlicher. Es sei ihm zu Ohren gekommen, sagte er, daß sich am Yellowstone einige Offiziere untereinander über seine Entscheidungen beklagt hätten, statt sich, wie vorgeschrieben, auf dem Dienstweg zu beschweren. Er nahm ein Exemplar der „Armee-Dienstverordnungen" zur Hand und las den einschlägigen Paragraphen vor. „Wenn so etwas noch einmal vorkommt, werde ich den Betreffenden bestrafen."

„Es scheint, daß die Prügel, die einigen gelten, nun die

Schultern von allen treffen", sagte Captain Benteen, „da ja alle beieinander sind, wäre es vielleicht angebracht, wenn Sie den Offizier nennen, dem Sie etwas vorzuwerfen haben."

Benteen war sich seiner Sache sicher. Er kannte die Dienstverordnung und wußte, daß darin keine Strafen gegen sarkastische Bemerkungen vorgesehen waren.

„Ich will", erwiderte Custer, „daß der Sattel dort sitzt, wo er paßt."

Benteen wurde unruhig.

„Haben Sie von mir jemals Kritik oder Murren gehört, über das Sie sich beklagen konnten?" fragte er.

„Nein", gab Custer zu, „weder auf diesem Feldzug noch auf irgendeinem anderen, bei dem Sie dabei waren."

Dann waren die Offiziere entlassen. Sie ritten zurück zu ihren Abteilungen, die in den Bullberry-Gebüschen entlang des Rosebud lagerten. Einige versammelten sich bei Leutnant Edgerly und sangen. Benteen, der in seinem Zelt saß und versuchte, sich mit dem Cêpe seines Armeemantels gegen die Moskitos zu schützen, murmelte vor sich hin: „Warum sich die Nacht mit Liedern um die Ohren hauen? Die sollen doch schlafen. Da sieht man's wieder, wohin es bei diesem Regiment gekommen ist."

Am nächsten Tag, dem 23. Juni, legte die Abteilung 23 Meilen zurück — ein steifer Ritt, aber auch nicht allzu anstrengend. Auf dem Weg von Fort Lincoln hierher war dem Regiment oft mehr zugemutet worden.

Benteen murrte. Hatte nicht ein Mann in der Armee Anrecht auf soviel Bequemlichkeit wie irgend möglich? Warum diese unnötigen Strapazen? Für Custer mochte ein Sieg über die Indianer Spaß und Kitzel bedeuten. Er, Benteen, war nicht auf Ruhm und Ehre aus.

Dies vertraute er seinem Tagebuch an.

Custers anderer Bataillonskommandeur, Marcus Reno, führte kein Tagebuch. Also behielt er seine Meinung für sich, in seinem vierkantigen Schädel, aber auch er hatte für Custer nicht viel übrig.

Ehe es Mittag wurde, stieß Armstrong auf Zeichen von Indianern. Die Neuigkeit verbreitete sich rasch in der Abteilung. Die Reiter schlossen auf, die Gangart der Pferde wurde rascher.

Am Nachmittag erreichte man die Stelle, an der drei indianische Lager gestanden hatten. Es mußten rote Männer jener Gruppe gewesen sein, deren Spuren Reno entdeckt hatte. Die Indianer konnten noch nicht allzu lange fort sein, denn die Zweige der Schutzhütten, die sie gebaut hatten, waren noch nicht vertrocknet.

In dieser Nacht badeten einige Männer im Fluß. Benteen schimpfte, sie würden die Fische verscheuchen. Er hatte Netze aufgestellt, um die nicht sehr abwechslungsreichen Armeerationen mit einem Fischgericht aufzubessern.

Am nächsten Tag, dem 24. Juni, marschierte die Abteilung 28 Meilen, immer auf der Hut vor Indianern. Sie kamen an einen aufgegebenen Lagerplatz, an dem noch mehr Zelte gestanden haben mußten als an dem Ort, den sie gestern passiert hatten. Armstrong ließ halten, schickte Scouts in alle Richtungen aus und versammelte seine Offiziere um sich. Die Scouts kamen zurück. In Zeichensprache und gebrochenem Englisch berichteten sie, kein Feind sei zu sehen, aber das Gras im weiteren Umkreis sei offenbar von einer größeren Ponyherde abgefressen worden. Außerdem waren sie auf ein verlassenes Zelt gestoßen, in dem eine Sonnentanzzeremonie stattgefunden hatte. An einer der Zeltstangen hing der Skalp eines weißen Mannes. Die Indianerscouts hatten außerdem im Sand Zeichnungen entdeckt, die einen Sieg über weiße Soldaten bedeuteten.

Custer befahl, das Essen sofort über kleinem Feuer abzukochen, keinen Rauch zu machen und die Flammen vor Einbruch der Dunkelheit zu löschen. Als die Sonne hinter den Wänden des Canyons versank, aßen und rauchten die Mannschaften. Einige schoben sich ihre Abendration an Kautabak zwischen die Zähne und wickelten sich dann in ihre Mäntel.

Captain Keogh, ein Ire, der immer guter Laune war, lud

Captain Benteen in sein Zelt ein, wo einige Offiziere zusammensaßen, im Dunkeln Geschichten erzählten und einen Becher Whisky leerten.

Benteen suchte stolpernd seinen Weg durch die Dunkelheit. Er fand die Offiziere mit Decken behangen und rauchend. Leutnant Charles Camilus DeTudio, ein italienischer Patriot, berichtete von seiner abenteuerlichen Flucht mit dem italienischen Volksführer Mazzini. DeTudio und Keogh hatten in Italien auf verschiedenen Seiten gekämpft, waren aber jetzt gute Freunde. Benteen hörte eine Weile zu, dann murmelte er, es sei wohl besser, sich jetzt schlafen zu legen. Morgen, spätestens übermorgen würde es in den Kampf gehen. Er lief zu seinem Biwak zurück, setzte sich und wollte sich die Stiefel ausziehen.

Aus der Dunkelheit trat Custers Trompeter auf ihn zu. Er brachte den Befehl, sich sofort zu einem Nachtmarsch fertig zu machen.

Vorbei war's mit dem Schlaf.

Die Nacht war so dunkel, daß man die Hand vor den Augen nicht sah. Über eine Stunde wartete das Regiment in Marschformation, um sich in die Reiterkette einzureihen, die eine Seitenschlucht hinaufzog. Endlich war auch Benteens Schwadron an der Reihe. Wie gewöhnlich maulte er. Verdammte Dunkelheit. Man konnte nur Anschluß halten, wenn man sich am Geräusch der Zinnbecher orientierte, die am Sattelzeug des Mannes vor einem baumelten.

Um zwei Uhr nachts hielt die Abteilung in einem Hohlweg nahe der Wasserscheide zwischen dem Rosebud und dem Kleinen Bighorn — ein ausgezeichnetes Versteck. Die Männer machten kleine Feuer, um Kaffee abzukochen, aber das Wasser roch nach Alkali. Die Pferde warfen voller Abscheu ihre Köpfe auf, als man sie tränkte.

Als es am Sonntag, dem 25. Juni, hell wurde, sahen die Soldaten die Kanten eines tiefen Beckens, in dem sie versteckt lagen. Oben standen einige Pinien, und Baumgruppen wuchsen auch am Abhang, bis in die Senke hinab.

Höher oben im Gebirge wartete eine Gruppe von Scouts, die Custer ausgeschickt hatte, auf den Tagesanbruch. Es waren teils Crows, Erzfeinde der Sioux, die sich in dieser Gegend sehr gut auskannten, und Arikaras unter Führung von Bloody Knife, die Custer aus dem Dakota-Territorium von Fort Lincoln mitgebracht hatte.

Die Scouts hatten Stellung im „Krähennest" bezogen, auf einer Felskanzel, von der aus man weit in das Tal des Kleinen Bighorn hinabsah.

Zwischen den Scouts aus den verschiedenen Stämmen herrschte eine gewisse Rivalität. Die Crows begriffen nicht, warum die weißen Männer die Arikaras mitgebracht hatten.

Es war ein Crow-Indianer, Hairy Crow, der nach Tagesanbruch weit entfernt unten im Tal eine große Herde Ponys ausmachte. Von hier oben, über dreizehn oder fünfzehn Meilen hin, nahmen sich die Tiere aus wie Maden, die auf einem zum Trocknen ausgespannten Büffelfell wimmelten.

Kurz darauf entdeckten die Crow-Scouts auch Rauchwolken unten im Tal.

Einer von ihnen sagte: „In diesem Lager sind mehr Sioux, als der Sohn des Morgensterns Kugeln für seine Soldaten besitzt."

„Sohn des Morgensterns" nannten die Crows Custer, während andere Stämme ihm wegen seines langen, lockigen Haars den Namen „Langhaar" gegeben hatten.

Man mußte den Führer der weißen Männer von der Entdeckung verständigen. Aber Leutnant Varnum, Custers Chef der Scouts, der mit einigen Arikaras in der Mulde unter dem Krähennest wartete, gab dem Arikara Red Star den Auftrag, die Meldung ins Hauptlager hinunterzubringen.

Eine halbe Stunde später war Custer selbst oben am Krähennest.

Er trug an diesem Morgen ein einfaches blaugraues Flanellhemd ohne Rangabzeichen, dazu mit Fransen besetzte Buckskins und hohe Jagdstiefel. Mit ihm kam sein jüngerer Bruder Tom, der in seiner Kleidung den berühmten großen

General Armstrong Custer

Bruder nachahmte und überhaupt wie ein blasser Abklatsch des Älteren wirkte.

Als die Männer oben auf dem Felsvorsprung standen, reichte Charlie Reynolds Custer seinen Feldstecher. Armstrong sah unten nur kalkige Hügel.

„Ihr habt euch etwas eingebildet, Charlie", meinte er, „ich kann kein Indianerlager entdecken."

Ein paar Schritte entfernt übersetzte Girard dem Arikara die Worte Custers.

„Langhaar glaubt nicht, daß es dort ein Indianerlager gibt."

Reynolds deutete mit dem Finger in die Richtung, in die der General schauen sollte. Langhaar folgte mit dem Fernglas vor den Augen der Bewegung der Hand. Endlich nickte er langsam und setzte das Glas ab.

„Kann sein", meinte er, „vielleicht habt ihr recht."

Jetzt drängten sich die Crows heran. Sie waren immer noch wütend, daß ein Arikara ausgewählt worden war, um die Nachricht zu überbringen. Es kam ihnen darauf an, ihre Verdienste ins rechte Licht zu rücken. Mitch Bouyer sollte für sie übersetzen. Er war Sohn eines französischen Vaters und einer indianischen Mutter aus dem Stamm der Sioux und hatte lange Zeit bei den Crows gelebt.

Custer hatte keine Lust, sich jetzt Beschwerden anzuhören. Als Mitch begann, machte er eine unwillige Handbewegung.

„Aber die Indianer wollen auch wissen, was Ihr über das feindliche Lager denkt", sagte Bouyer.

„Wenn es dort ein Lager gibt", antwortete Custer, „dann haben sie uns noch nicht entdeckt."

Als ihm Custers Worte übersetzt wurden, sagte White-Man-Runs-Him, einer der Crows: „Ihr glaubt, sie wissen noch nichts von uns. Ihr täuscht euch. Wir haben zwei junge Sioux gesehen, die vom Gebirge her zum Lager auf dem Talboden hinabrannten. Sie waren nahe genug, um den Rauch der Lagerfeuer eurer Leute wahrzunehmen."

Genau das wollte Custer nicht hören.

„Und ich sage, sie haben uns noch nicht gesehen", beharrte er. Seine Stimme hatte jetzt einen ziemlich eigensinnigen Tonfall. „In diesem Lager haben sie keine Ahnung. Ich werde meinen ursprünglich gefaßten Plan ausführen. Wir warten, bis es dunkel geworden ist. Dann reiten wir. Wir umstellen das Lager, und am Morgen schlagen wir zu."

Es war seine alte Taktik. Sie hatte sich häufig bewährt.

„Dieser Plan ist nicht gut", widersprach der Crow, „die Sioux haben deine Soldaten längst ausgemacht."

Custer warf dem Indianer einen wütenden Blick zu. „Ich habe erklärt, was zu tun ist", sagte er schroff, „keine weiteren Diskussionen mehr."

White-Man-Runs-Him sagte nichts mehr. Er wandte sich schnell um und ging zu den anderen Crows.

Er hörte, wie Girard dem Arikara Red Star versicherte, der Plan des Generals sei gut und man werde alle Sioux mit einem Überraschungsangriff vernichten. Auch Red Star schien nicht völlig überzeugt und siegesgewiß.

Er erinnerte sich daran, wie häufig er davon erzählen gehört hatte, die Sioux besäßen eine mächtige Medizin.

Auch kam ihm jetzt das Bild der aufgegebenen Sonnentanzhütte wieder ein, auf die sie am Tag zuvor gestoßen waren. Im Sand hatten sie die Zeichnungen von Hufspuren gesehen, die die Pferde der Soldaten und der Sioux darstellen sollten.

Zwischen den Linien lagen tote Soldaten, mit dem Kopf gegen die Sioux hinweisend. Das bedeutete: Die Medizin der Sioux war stärker, die weißen Soldaten würden geschlagen werden. Neben der Zeichnung standen drei Steine in einer Reihe, alle rot angemalt. In der Zeichensprache der Sioux drückte das die Erwartung aus, daß der Große Geist ihnen einen großen Sieg bescheren werde.

Selbst wenn es Langhaar gelang, die Sioux zu überrumpeln, schien es für Red Star nicht so sicher, daß die Soldaten den Kampf gewinnen konnten. Solche Zeichen waren mächtig, auch wenn die Weißen sich nicht darum scherten.

Unterdessen hatte sich gegen Sonnenaufgang am Abhang des Wolfs-Gebirges ein Zwischenfall abgespielt, von dem weder Custer noch die Scouts der Crows und Arikaras bis dahin etwas wußten.

Sehr früh am Morgen waren drei Sioux-Jungen in dieser Gegend unterwegs, um die Ponyherde einer alten Frau einzufangen, die in der Nacht gestorben war. Es war bei den Sioux üblich, daß der Besitz eines Toten noch am folgenden Tag unter Freunde und Verwandte verteilt wurde.

Einer dieser Jungen war bei der Suche nach den weit vom Lager entfernt in den Hügeln grasenden Tieren auf einen seltsamen Gegenstand gestoßen: auf eine Dose. Er hatte sie mit seinem Häutemesser geöffnet und ihren Inhalt gekostet. Offenbar enthielt sie ein Nahrungsmittel der weißen Männer. Während sich der Sioux-Junge noch über den eigenartigen Geschmack dessen, was er da kaute, wunderte, hörte er hinter sich Hufschläge. Er wandte sich um und dachte, es wären seine beiden Kameraden, die die Ponys brachten. Statt dessen ritten drei weiße Soldaten auf ihn zu. Ehe er auch nur die Hand heben konnte, hatten die Soldaten ihre Karabiner hochgerissen und geschossen. Eine Kugel tötete ihn auf der Stelle.

Seine beiden Freunde kamen den Hang herab, sahen ihren Kameraden hinstürzen, sahen die Reiter. Sie begriffen, daß ihrem Freund nicht mehr zu helfen war. Wie Springböcke jagten sie durch das hohe Büffelgras talwärts, um das Lager zu warnen. Es gelang den drei berittenen Soldaten nicht, sie einzuholen. Vor den beiden Jungen lag ein Weg von 15 Meilen. Sie waren entschlossen, die ganze Strecke im Dauerlauf zurückzulegen. Sie wußten, daß ihre Nachricht über Leben und Tod aller Menschen in dem großen Lager unten am Kleinen Bighorn entscheiden konnte.

Der Gegenstand, der dem Sioux-Jungen den Tod gebracht hatte, war eine Dose voll Zwieback gewesen, die sich aus dem Sattelzeug eines Kavalleristen gelöst hatte und ins Gras gefallen war. Als der Offizier der Abteilung den Verlust bemerkte, hatte er Sergeant Curtis mit zwei Mann ausgeschickt, um nach der verlorenen Dose zu fahnden. Diese drei Reiter waren es, die den Sioux-Jungen überrascht hatten.

Zur Hauptabteilung zurückgekehrt, meldeten sie, was sie erlebt hatten. Nun war der Scout George Herendeen ausgeritten. Nahe der Stelle, an der die Reiter zuvor mit den drei Jungen zusammengestoßen waren, entdeckte Herendeen Spuren von vielen Ponys. Diese Entdeckung schien wichtig genug, um sie sofort dem General zu melden. Herendeen sprengte hinauf zum Krähennest.

Auf dem Kamm des Gebirges stürmte Tom Custer vom Rand der Senke unter dem Krähennest heran und fragte die Scouts, die dort beieinanderstanden, wo sein Bruder sei. Red Star deutete mit dem Daumen zu dem Felsvorsprung hinauf.

„Sie haben uns ausgemacht", stieß Tom Custer hervor, „die Sioux wissen, daß wir im Anmarsch sind."

Langhaar erschien auf dem Pfad, der von oben in die Senke führte. Er runzelte die Brauen.

„Drehst du jetzt auch schon durch wie die Crows?" fragte er spöttisch.

„Unsinn. Captain Yates hat eine Dose Zwieback verloren . . .", begann Tom zu erklären.

„Nein", rief Custer, „bitte, jetzt ist keine Zeit für dumme Späße."

„Es ist kein dummer Spaß . . . verdammt. Yates hat Sergeant Curtis ausgeschickt, um die Dose wiederzufinden, und der trifft auf einen Indianerjungen, der Zwieback kaut. Curtis hat den Jungen erschossen. Er hat zuerst angenommen, der Bursche sei dort oben ganz allein gewesen. Aber dann hat er noch zwei Sioux gesehen, die auf und davon sind. Wir haben dann Herendeen ausgeschickt, um sich die Spuren anzusehen. Er kommt jetzt herauf, um dir zu berichten, und ich habe Reno gesagt, er soll die ganze Abteilung mitbringen."

Sie hörten jetzt alle das Geklapper der Hufe.

„Die machen einen Krach", stieß Custer hervor. „Natürlich haben wir damit rechnen müssen, daß die Sioux Scouts ausschicken, aber daß sie uns entdecken, weil irgend so ein Idiot seine Portion Zwieback nicht richtig festzurren kann, ist doch unglaublich."

Tom Custer schien es die Sprache verschlagen zu haben. Die meisten der Scouts hielten jetzt etwas Abstand von Custer. Jeder hatte plötzlich damit zu tun, seine Waffen noch einmal anzuschauen und an seinem Munitionsgurt herumzufingern.

Charley Reynolds öffnete schweigend einen Kriegsbeutel aus Wildleder und begann die Habseligkeiten, die er enthielt, unter seine Arikara-Freunde zu verteilen. Einige der Indianer gaben einen Laut des Erstaunens von sich. Es sah so aus, als rechne Charley nicht damit, den kommenden Kampf zu überleben. Hairy Mocassin war auf dem Ausguck zurückgeblieben. Jetzt machte er Mitch Bouyer Zeichen, rasch heraufzukommen.

Oben deutete der Crow auf ein halbes Dutzend indianischer Reiter, die in einer Entfernung von weniger als einer Meile über die Prärie ritten. Hairy Moccasin legte dann seinen Finger auf den Hals. Das sollte heißen: Halsabschneider . . . Sioux!

Bouyer murmelte etwas, als er sah, daß einer der Indianer nun sein Pferd immer enger werdende Kreise beschreiben ließ.

Bouyer verließ das Krähennest und suchte Custer.

„Eine kleine Gruppe Sioux reitet dort unten", meldete er, „es sind nur fünf oder sechs Krieger. Aber der eine läßt sein Pferd in Kreisen gehen. Scheint, daß sie die Soldaten ausgemacht haben, die heraufkommen."

Custer lief bis zu einer Stelle, von der aus er ins Tal hinabsehen konnte. Aber inzwischen waren die Sioux hinter grasbewachsenen Hügeln verschwunden.

Bouyer stand neben ihm.

„Die reiten zurück", sagte er aufgeregt, „jetzt werden sie

im Lager Bescheid wissen. Die Sioux verstreuen sich dann in alle Winde. Warten Sie nicht . . . greifen Sie sofort an!"

Langhaars blaßblaue Augen versprühten kalten Zorn: „Kümmern Sie sich um die Aufklärung, und überlassen Sie es mir, die Schlachtpläne zu machen."

Dann wurde Custers Aufmerksamkeit von einem Mann abgelenkt, der den Pfad heraufkam. Es war der Scout George Herendeen. Tom führte ihn zu Armstrong. Herendeen bewegte sich rasch, aber er sprach langsam.

„Warum stehen Sie hier herum. Machen Sie endlich Meldung", fuhr ihn Custer an.

Herendeen ließ sich von dem Rüffel nicht beeindrucken. „Eine Kriegsabteilung, General. So wie's aussieht. Frische Spuren . . . und ziemlich viele."

„Haben Sie die Indianer zu Gesicht bekommen?" fragte Custer.

„Hab nur einen gesehen . . . etwa eine Meile vom Gebirgskamm entfernt. Wahrscheinlich ein Späher."

Custer ging schweigend auf und ab.

„Wenn Sie meine Meinung hören wollen, General", sagte Herendeen, „überall um uns sind Sioux. Sie beobachten uns auf Schritt und Tritt."

„Sie werden uns noch angreifen", sagte Tom Custer aufgeregt.

„Unsinn", stieß Custer hervor, „aber was weit schlimmer ist . . . sie laufen uns davon. Wenn sie sich erst einmal verstreut haben, ist alles umsonst gewesen. Tom, ich will die Offiziere sofort sprechen. Die Mannschaften sollen sich zum Waffenappell bereithalten. Wir warten nicht, bis es dunkel geworden ist. Wir greifen an, sobald wir die Indianer aufgespürt haben."

Tom Custer rannte im Laufschritt den Pfad abwärts. Armstrong winkte Leutnant Varnum heran: „Die Scouts werden noch vor heute Abend zum Einsatz kommen. Kümmern Sie sich darum, Leutnant, daß sie dann bereit sind."

Varnum salutierte und suchte nach dem Dolmetscher.

Custer stand jetzt allein am Rand der Mulde.

Endlich war alles klar.

Wie immer, wenn er angreifen konnte, war er zufrieden. Er dachte daran, daß die Abteilung unter Gibbon, die den Bighorn hinaufzog, unmöglich schon in der Nähe sein konnte.

Um so besser, sagte er sich. Mit diesem Dorf würde er auch allein fertig werden. Und es wird sein Sieg sein. Am Ende lief alles doch noch so, wie er es sich gewünscht hatte.

Custers Glück!

Er lachte vergnügt.

Als er sich umwandte, hörte er, wie Girard den Arikaras seine Befehle übersetzte.

Sie legten ihre Kleider ab — bis auf das Lendentuch — und machten sich daran, Arme, Brust und Beine mit pulverisierter Kriegsfarbe zu bestreichen. Andere knüpften sich Adlerfedern in ihre Zöpfe.

White-Man-Runs-Him malte mit weißer Tonerde Linien über sein Gesicht. Half Yellow Face, der als der offizielle Anführer der Crows galt, hatte eine Pfeife hervorgeholt und brachte ein Rauchopfer dar.

Custer betrachtete die Vorkehrungen der Indianer. Etwas war anders als sonst. Schließlich fragte er: „Was soll das eigentlich alles?"

Nachdem Bouyer die Frage übersetzt hatte, wandte sich Half Yellow Face Custer zu und antwortete ernst: „Es ist, weil ihr und wir heute heimgehen . . . auf einer Trail, die uns beiden fremd ist."

Nur stockend übersetzte Bouyer diese Umschreibung der Indianer für den Tod.

Für einen Augenblick wich aus Custers Gesicht die Farbe, dann murmelte er etwas, das die anderen nicht verstanden, und machte ein paar Schritte zum Rand der Mulde hin.

Lange schaute er hinab ins Tal.

11. Das große Lager

Entlang des westlichen Ufers des Kleinen Bighorn fünfzehn Meilen von seiner Mündung entfernt, steigt die gewellte Prärie mehrere Meter zu einer ebenen Bank an, die einen idealen Standort für ein Lager bietet. Jenseits davon, nach Westen hin, geht das Gelände allmählich in ein Hochplateau über. Dort grasten im Sommer des Jahres 1876 Tausende von Indianerponys, die von halbnackten Jungen gehütet wurden.

Gegen Süden deuten Rinnen in den flachen Senken an, daß der Fluß früher häufig seinen Lauf geändert haben muß.

In größerer Entfernung im Südwesten erhebt sich dunstverhangen das Big Horn-Gebirge, während näher, flußaufwärts, Kalkklippen mit schroffen Einschnitten aschgrau über dichtwucherndem Cottonwood standen. Das Indianerlager zog sich über fast vier Meilen von Norden nach Süden hin. Hunderte von Tipis aus gegerbten Büffelfellen waren in großen Kreisen, die jeweils eine halbe Meile Durchmesser hatten, aufgeschlagen.

Am Rand der Zeltkreise hatte man Unterstände aufgebaut. Das Holz dazu war aus dem Gebirge herbeigeschafft worden. Auf den offenen Flächen der Prärie lagen hier und da die Häute frisch erlegter Antilopen, die in der Sonne trocknen sollten.

Einzelne Pferde standen angehobbelt da. Hunde schlichen suchend umher.

Die Anordnung des Lagers folgte einem genau eingehaltenen Plan. Jeder Stamm hatte seinen bestimmten Standort, der seiner Position im großen Wanderzug unterwegs entsprach. Alte Regeln bestimmten den Platz jeder Abteilung innerhalb des Lagerkreises und der einzelnen Familien innerhalb der Abteilung.

Am weitesten nach Norden hin kampierten die Cheyennes mit dreihundert Zelten, in denen fast 1800 Menschen wohnten.

Daß gerade dieser Stamm dazu ausersehen worden war, unterwegs die Marschkolonne anzuführen, war eine Ehrenbezeugung, zu der Sitting Bull geraten hatte. Die Cheyennes waren erfahrene Krieger und deshalb den Sioux äußerst willkommen.

Bei den Cheyennes befanden sich mehrere Familien der Gros Ventres und fünf versprengte Arapaho-Krieger, Angehörige eines verwandten Stammes.

Etwas vom Fluß abgerückt, unmittelbar im Südwesten der Cheyennes, lag der Zeltkreis der Oglala-Sioux, einer Gruppe der Teton-Dakotas, die aber oft enger mit den Cheyennes befreundet waren als mit den ihnen eigentlich näher verwandten Gruppen der Sioux-Nation.

Hart am Flußufer stand ein kleines improvisiertes Lager der Brule. Daran schlossen sich die Zelte der Sansarc-Sioux.

Jenseits eines kleinen Baches im Süden lagerten die einflußreichen Minneconjou.

In ihrer Nähe, aber landeinwärts, erhob sich der Zeltkreis der Blackfeet-Sioux, zu dem sich die Behausungen einiger kleinerer Abteilungen der Assinibois, der Yanktonnai, Yankton und Santee-Sioux gesellten.

Die äußerste Südspitze des großen Lagers wurde von dem weiten Zeltkreis der Unkpapas gebildet. Dieser Stamm zählte an die 3000 Menschen. Auf dem Marsch bildete er traditionell stets die Nachhut.

Für viele Häuptlinge, die sich im Lager befanden, war es die größte Zusammenkunft von Stämmen, die sie je miterlebt hatten. Insgesamt mochten es an die 12 000 Menschen sein. Mindestens ein Drittel davon waren Männer und junge Leute, die jederzeit bereit waren, als Krieger zu den Waffen zu greifen.

Von den alten Kriegshäuptlingen der Cheyennes waren Dirty-Mocassins und Old Bear anwesend.

Zwei andere große alte Männer des Stammes, Dull

Knife und Little Wolfe, waren am Vormittag noch nicht zur Stelle. Doch stieß Little Wolfe später am Tag noch zu den Männern im Lager.

Die Kriegshäuptlinge, die jetzt das Kommando führten, waren Crazy Head, Lame White Man, Old Man Coyote und Last Bull.

Big Road und He-Dog befehligten die Oglalas. Ihr Oberhäuptling war immer noch Red Cloud. Da er sich zu dieser Zeit für eine Verständigung mit den weißen Männern einsetzte, war er auf der Agentur in Nebraska geblieben. Allerdings befand sich sein Sohn Jack im Lager. Er schämte sich, weil er bei dem Gefecht am Rosebud drei schwerwiegende Fehler begangen hatte. Zunächst einmal war es falsch gewesen, daß er die Kriegshaube seines Vaters angelegt hatte. Jedem Feind mußte sofort klar sein, daß er unmöglich schon die Hunderte von Ehrenfedern im Kampf selbst gewonnen haben konnte, die den auffälligen Kopfschmuck zierten. Auch nahm er die Winchesterbüchse seines Vaters mit in den Kampf, eine Waffe, die dem Alten von der Regierung der weißen Männer geschenkt worden war. Durch beides machte er die Crows und Schoschonen-Scouts auf sich aufmerksam, die den Grauen Fuchs begleiteten.

Sein zweiter Fehler aber hatte darin bestanden, daß er sich in Gefahr falsch verhielt.

Jeder Krieger, dessen Pferd getötet wird, weiß, daß man zunächst ruhig und bedacht dem Kadaver des Tieres den Sattel abnehme soll, ehe man sich in Sicherheit bringt. In seiner Unerfahrenheit aber war Jack kopflos davongerannt. Die langen Schwänze der großen Kriegshaube wirbelten hinter ihm her und gaben ein ausgezeichnetes Ziel ab.

Um die Schande voll zu machen, hatten die Crows, nachdem sie ihm den Federschmuck vom Kopf gerissen und das Gewehr abgenommen hatten, ihn nicht getötet. Statt ihn niederzureiten oder ihn zu erschießen, hatten sie ihn nur zu Boden geschlagen und waren lachend davongeritten.

Noch tagelang brütete Jack über seine Schande nach. Fast hätte er sich den vier, fünf Zelten der Oglala Bad Face angeschlossen, die gegen Mittag dieses Tages in die Red Cloud Agentur zurückritten. Dort hätte er sich damit trösten können, ein Häuptling nach der Gnade des Weißen Mannes zu werden. Aber dann war er doch geblieben. Er hatte sich geschworen, nie mehr die große Kriegshaube aufzusetzen und in einem neuen Gefecht, das gewiß kommen würde, seine Ehre wiederzugewinnen.

Der wichtigste Anführer bei den Oglalas, der Mann, der auch entschieden die größte Anhängerschaft aufbieten konnte, wenn es zum Kampf kam, war offiziell kein Häuptling. Aber sein Mut, sein Kampfwille und seine strategischen Fähigkeiten machten ihn zum ungekrönten Führer des Widerstandes gegen die Weißen bei diesem Stamm.

Sein Name: Crazy Horse. Mit 16 Jahren schon war er unter Red Cloud über drei Jahre hin bei den Angriffen gegen die Siedlungen der Weißen in Wyoming mitgeritten. Er war bei den Kämpfen um die Bozeman Trail mit dabei gewesen. Sein Ruf als umsichtiger Krieger hatte sich erst wieder vor wenigen Tagen am Rosebud bestätigt.

Aber Crazy Horse war auch ein geschickter Diplomat. Um die Waffenbrüderschaft mit den Cheyennes enger zu knüpfen und diese Stämme an die Widerstand leistenden Sioux zu binden, hatte er ein hübsches Cheyenne-Mädchen zur Frau genommen.

Vieles von Crazy Horse' Überzeugungskraft als Anführer rührte von einer Vision in seiner Jugend her. Er hatte damals bei einer Meditation die Vorstellung gehabt, die Welt, in der die Menschen leben, sei nur ein Schatten der wahren Welt. Um in die wahre Welt zu kommen, mußte man sich in einen Traum versetzen. Dann schien alles zu schweben und zu tanzen. In dieser wahren Welt tanzte selbst sein Pferd, als sei es wild oder verrückt, deshalb nannte er sich auch Crazy Horse.

Der Oberhäuptling der Brules, Spotted Tail, war auf der Agentur des Weißen Mannes geblieben. Anwesend aber war der Mann, von dessen Hand er später fallen sollte – Crow Dog.

Lame Deer war der Oberhäuptling der mächtigen Minneconjous. Als Kriegshäuptlinge standen ihm Hump, Fast Bull und High Backbone zur Seite.

Die Kriegshäuptlinge der Unkpapas waren Gall, Crow King und Black Moon. Aber auch in diesem Stamm überragte ein Mann die offiziellen Anführer: Sitting Bull.

Er war genaugenommen weder ein Häuptling noch das, was die Weißen als Medizinmann zu bezeichnen pflegen. Er war ein Visionär und ein Heiler, ein Ratgeber und ein Weiser. Und mehr noch: Er war das lebendige Symbol für all das, was die Indianer als eigenständige Lebensart schätzten und nicht verlieren wollten. Gewiß waren auch Sitting Bulls Taten in der Schlacht einem jeden Indianer im Nordwesten bekannt. Aber mehr als das zählte in seinem Fall, daß sich in seinen Reden und Aussprüchen das Bewußtsein der Sioux beispielhaft aussprach.

„Hört her, meine Brüder, das Frühjahr ist gekommen. Die Erde hat die wohltätige Umarmung der Sonne empfangen. Bald werden wir sehen, was aus solcher Liebe erwächst.

Jede Saat geht auf. Die Tiere vermehren sich. Es ist diese geheimnisvolle Kraft, die auch uns geschaffen hat und die uns veranlaßt, die Rechte unserer Nachbarn zu achten.

Doch hört mich, Leute! Jetzt haben wir es mit anderen zu tun – klein und schwach waren sie, als unsere Vorväter zum ersten Mal mit ihnen zusammentrafen, aber nun sind sie groß und übermächtig. Seltsam genug ist ihre Angewohnheit, Land zu kaufen und zu verkaufen, ihre Liebe zum Eigentum gleicht einer Krankheit. Diese Leute machten Gesetze, die die Reichen brechen dürfen, die Armen aber halten müssen. Sie nehmen den Armen das letzte bißchen fort, damit die Reichen noch hochmütiger herrschen können. Sie behaupten, ein Anrecht auf die Erde zu haben, die unser aller große Mutter ist. Sie ziehen Zäune zwischen sich und ihre Nachbarn. Sie entstellen die Erde mit grotesken Gebäuden und plündern sie aus. Wir können nicht mit ihnen Seite an Seite wohnen . . ."

So sprach Sitting Bull.

Die Stämme, die sich am Kleinen Bighorn versammelten, kamen zu diesem Treffen nicht in feindlicher Absicht. Sie rebellierten nicht. Sie folgten nur der alten Sitte, den Büffelherden auf ihrer Wanderung gen Norden nachzuziehen.

Durch die Metzeleien des Weißen Mannes wurde das Wild immer seltener. Das hatte dazu geführt, daß sich die Stämme und Gruppen für die Jagdzüge nun enger zusammenschlossen.

Großzügigkeit gilt unter den Sioux als eine der wichtigsten Tugenden. Sie wird noch höher geschätzt als Mut. Gastfreundschaft durfte von einem Indianer einem anderen Indianer nie abgeschlagen werden. Deshalb waren die hungrigen Gruppen, die, aus den Agenturen und Reservationen kommend, sich dem großen Jagdzug anschlossen, mit offenen Armen aufgenommen worden.

Und die Stämme bildeten nahe ihrer angestammten Jagdgründe den großen Ring — das mystische Zeichen für das Universum, das Symbol, das die Sioux-Nation mit ihren Alliierten gemeinsam hatte.

Auch die Religion spielte bei der Zusammenkunft eine Rolle. Der Frühsommer war die Zeit des jährlichen Sonnentanzes, bei dem die Sioux und Cheyennes vor Wanka Tanka Buße übten.

Zehn Tage waren vergangen, seitdem man am Rosebud dieses Fest gefeiert hatte.

Die Tage darauf hatte Sitting Bull meditiert. Er hatte tagelang an einer einsamen Stelle in die Sonne geschaut, bis er eine Vision gehabt hatte.

Weiße Soldaten und feindliche Indianer waren wie Heuschreckenschwärme in das große Lager eingefallen. Darauf hatte Sitting Bull eine Stimme gehört, die ihm zurief:

„Ich gebe sie in deine Hand, denn sie haben keine Ohren."

Man hätte meinen können, mit dem Sieg über den „Grauen Fuchs", wie die Indianer General Crook nannten, habe sich diese Prophezeiung erfüllt.

Aber Sitting Bull war anderer Meinung. Er hatte Soldaten ohne Ohren und feindliche Indianer in das Lager seines Volkes einfallen sehen. Der Graue Fuchs hatte sich dem Lager der Indianer nur bis auf zwanzig Meilen nähern können. Obwohl Sitting Bull vom Herannahen der Streitmacht unter Langhaar zu diesem Zeitpunkt noch nichts wußte, war er doch völlig sicher, daß die Sioux einen großen Sieg erringen würden — vielleicht noch hier, am Kleinen Bighorn.

Auch die Cheyennes waren durch Prophezeiungen auf einen Angriff vorbereitet. Ihr Stammesprophet, Box Elder, schickte berittene Ausrufer im Lager umher, die jedermann aufforderten, die Pferde nahe den Zelten anzupflocken.

„In meinem Traum sah ich Soldaten kommen", sagte Box Elder.

Nur wenige der Cheyennes nahmen das ganz ernst. Am Tag zuvor war ein Skalp-Tanz abgehalten worden, der bis tief in die Nacht hinein angedauert hatte, eine Art Siegesfeier für das Gefecht am Rosebud, wo man den Grauen Fuchs in die Flucht geschlagen hatte. An diesem Morgen schliefen viele Leute im Lager bis tief in den hellen Tag hinein.

Die Sonne stand schon hoch über dem Tal, als eine Gruppe von Scouts in den Zeltkreis der Unkpapas einritt. Sie waren mehrere Tage unterwegs gewesen, um den Grauen Fuchs bei seinem Rückzug nach Süden im Auge zu behalten. Durch den Lärm der Trommeln beim Skalp-Tanz war das Wild aus der Nähe des Lagers geflüchtet. Die Scouts hatten auch nach Jagdbeute Ausschau gehalten, aber außer einer kleinen Herde von Springböcken hatten sie nichts zu Gesicht bekommen. Eagle Elk, einer der Scouts, vermutete, daß die Büffelherden von den Soldaten vertrieben worden waren. Er würde den Häuptlingen Meldung machen und dann erneut zur Suche nach Büffeln aufbrechen. Mit seinen 25 Jahren war Eagle Elk schon ein erfahrener Krieger und geschickter Jäger. Wegen seiner Fähigkeiten als Scout genoß er bei seinem Stamm großes Ansehen, aber auch er hatte keine Ahnung davon, daß sich an diesem Morgen eine Heeresabteilung dem Lager näherte.

Als Eagle Elk und sein Bruder High Horse den Zeltkreis der Unkpapas durchquerten, begannen die Leute im Lager gerade aufzustehen. Eine alte Frau kochte Fleisch in einem eisernen Kessel. Eagle Elk erkannte, daß es eine Freundin seiner Großmutter war. Als er näher kam, rief ihm die Alte etwas zu, aber eine Windböe, die zwischen die Zelte fuhr, löschte die Worte aus.

Eagle Elk gab seinem Bruder ein Zeichen anzuhalten. Da sagte die alte Frau noch einmal: „Angreifer kommen!"

„Ach woher denn, Großmutter", sagte Eagle Elk.

„Enkel, ich sage dir, Angreifer kommen", krächzte die alte Frau und beugte sich dann wieder über ihren Kessel.

„Meinst du, sie weiß etwas?" fragte High Horse skeptisch.

„Ich kenne diese Frau", antwortete Eagle Elk. „Wenn sie so etwas sagt, ist es ernst zu nehmen. Ich denke, wir sollten heimreiten und uns bereit halten."

Sitting Bull war die ganze Nacht über wach gewesen. Einige Stunden hatte er auf der einsamen Hügelkette über dem Lager betend und meditierend verbracht. Als er zurückgekommen war, hatte ihn sein Onkel Four Horns aufgefordert, seine Tante zu besuchen, die im Sterben lag. Gegen Morgen hatte sie zu atmen aufgehört.

Der Tod einer weisen alten Frau — das war ein Fingerzeig, daß vielleicht noch an diesem Tag etwas Entscheidendes geschehen konnte.

Jetzt, am Vormittag, saß Sitting Bull mit Freunden im Ratstipi.

Selbst noch in Alltagskleidung war Sitting Bull eine imposante Gestalt. Er trug ein Buckskinhemd mit grünen Stachelschweinquasten, dazu rauchgegerbte Leggins und Mocassins. Seine Hüftschärpe war tiefrot. Im Haar steckte nur eine Feder. Wie die meisten Sioux hatte er das Haar gescheitelt und die Enden rechts und links in Zöpfen geflochten, die mit Otterpelz umhüllt waren. Das braune Gesicht war mit roter Farbe beschmiert, was Glück bringen sollte. Scheinbar hörte er aufmerksam zu, was in der Ratsversammlung besprochen wurde. Gleichzeitig aber spürte er eine seltsame Erregung — ein Anzeichen mehr, daß etwas geschehen würde.

Während die Sonne höher stieg und die Luft heiß zu werden begann, kam mehr und mehr Leben ins Lager. Frauen mit Hacken aus Büffelknochen liefen auf die Hügel der Umgebung, um wilde Rüben auszugraben. Andere waren damit beschäftigt, Antilopenfelle zu gerben. Einige junge Männer gingen zum Fischen. Ihnen schien es, als stehe ein ruhiger Tag bevor, ein Tag mit Hitze und kleinen Sommerfreuden, ein Tag, der ohne besondere Vorkommnisse verstreichen werde.

One Bull war der dreiundzwanzigjährige Neffe von Sitting Bull und zudem so etwas wie dessen Leibwächter.

Er war zeitig aufgestanden, um die Pferde der Familie zur Tränke zu bringen. Die Tiere waren die ganze Nacht über in der Nähe des Zeltes angebunden gewesen. Sie brauchten Auslauf. One Bull und ein anderer junger Mann, der Gray Eagle hieß, ließen sie auf den Grasbänken westlich des Lagers frei. Sobald die Ponys zu weiden begannen, kehrten die beiden jungen Krieger ins Lager zurück. Sitting Bull besaß nur zwanzig Pferde, einschließlich der Jagdpferde, der Kriegspferde, der Packpferde und jener Tiere, die zur Zucht verwendet wurden.

Als einflußreicher Mann mußte sich Sitting Bull oft großzügig zeigen und brachte es deswegen selbst kaum zu Wohlstand.

Iron Hail, ein Minneconjou, 17 Jahre alt, hatte an diesem Morgen wie die meisten Jungen lange geschlafen. Als er aufwachte, war die Luft schon heiß. Seine Mutter und seine Tante waren ausgegangen, um wilde Rüben zu stechen. Auch die beiden Onkels waren fort. Ein Büffel, der von der Herde abgekommen zu sein schien, hatte sich im Westen gezeigt, und sie waren aufgebrochen, um ihn zu verfolgen. Die Großmutter und ein Onkel befanden sich noch im Zelt. Ein jüngerer Bruder von Iron Hail hütete die Pferde am Muskrat Creek in der Nähe des Lagers der Santee. Als Iron Hail sein Frühstück aß, merkte er, daß sein Onkel nervös war.

Schließlich sagte der Mann zu ihm: „Wenn du fertig bist, geh und hilf deinem Bruder bei den Pferden draußen. Es könnte heute noch etwas geben. Es liegt was in der Luft."

Iron Hail überkam Wut. Er hatte sich allein draußen herumtreiben wollen, und nun kam dieser Auftrag. Er glaubte nicht so recht an das Gespür seines Onkels. Die Erwachsenen redeten häufig so etwas daher, um ihren Befehlen Nachdruck zu verleihen. Trotzdem gehorchte Iron Hail und machte sich zum Muskrat Creek auf den Weg.

Elk Head und sein Bruder Two Runs waren noch junge Krieger, aber sie hatten allen Grund, stolz auf ihre Familie zu sein. Ihr Vater, der ebenfalls den Namen Elk Head trug, war Wächter der heiligen Büffelkalb-Pfeife der Sioux-Nation.

Die Pfeife galt bei allen Sioux als heiliger Gegenstand. An diesem Morgen war sie wie immer in ein Bündel Sagebrush eingeschlagen und hing an einem Dreifuß in der Medizinhütte, die nur der ältere Elk Head betreten durfte. Seine beiden Söhne hielten draußen vor dem Zelt Wache, um bei Gefahr jederzeit dem Vater beispringen zu können.

Die Geschichte von der Bedeutung der Pfeife führt weit zurück, weiter noch als die Zeitrechnung der sogenannten Winterzählung, die über 150 Jahre in die Vergangenheit reicht.

In einem Winter vor langer, langer Zeit, als der Stamm großen Hunger litt, zogen zwei Jäger der Sansarc-Sioux aus, um Wild zu schießen. Büffel, Elche und Rehe waren selten. Nicht einmal Springböcke fanden sie.

Nach vielen Tagen erfolgloser Suche wollten die beiden jungen Männer schon aufgeben und mit leeren Händen ins Lager zurückkehren. Da trafen sie plötzlich ein schönes Indianermädchen in einem weißen Buckskinkleid, das ein Bündel Sagebrush trug.

Der eine Jäger verliebte sich in sie. Er vergaß jegliche Zurückhaltung und wollte das Mädchen umarmen. Da verschwand sie in einer Wolke.

Als die Wolke sich verzogen hatte, sah der andere Jäger, daß von seinem Gefährten nur noch ein Skelett übriggeblieben war, an dem Schlangen nagten.

„Höre", rief das Mädchen dem anderen Jäger zu, „ich komme zu deinem Stamm und werde euch ein wichtiges Geschenk bringen. Sag deinen Leuten, sie sollen sich darauf vorbereiten."

Der Jäger gehorchte, und bald darauf besuchte das heilige Mädchen das Dorf der Sansarc. Standing Hollow Horn, der damals Häuptling des Stammes war, gab sie die Pfeife und erklärte: „Dies ist eine heilige Pfeife. Ihr werdet über die Erde hingehen, die eure große Mutter ist, so wie das große Geheimnis euer Vater. Der Pfeifenkopf ist aus rotem Stein. Dies ist die Erde. Bei jedem Schritt, den ihr tut, sollt ihr der Erde im Gebet gedenken. Der Pfeifenstiel ist aus Holz. Er verkörpert alles, was auf der Erde wächst. Diese zwölf Federn aber, die vom Pfeifenstiel herabhängen, sind die Vögel in der Luft. Wenn ihr die Pfeife raucht, werdet ihr eins mit allen Dingen des Universums. Alle Dinge und Wesen erheben dann ihre Stimme zum großen Geheimnis und leisten für euch Fürbitte. Bewahrt diese Pfeife gut auf. Denkt immer daran, daß sie heilig ist. Sie wird euch bis zum Ende aller Zeiten bringen."

Black Elk fühlte sich seltsam schwerelos und wie ausgehöhlt, als ihn sein Vater an diesem Tag weckte, damit er die Pferde der Familie zur Tränke und auf die Weide bringe.

Als er sich den Schlaf aus den Augen rieb, sagte sein Vater zu ihm: „Wenn du ein Pferd an einem langen Seil hältst, kannst du es leicht wieder fangen und dann auch die anderen zusammentreiben. Wenn heute irgend etwas geschieht, kommst du auf der Stelle heim. Und behalte immer das Lager im Auge."

Mit mehreren anderen Jungen ließ sich Black Elk draußen auf der Pferdeweide nieder.

Nach einigen Stunden wurde es ihm langweilig, und er überlegte sich, ob er nicht schwimmen gehen solle. Sein Cousin erbot sich, derweilen für ihn auf die Pferde aufzupassen.

Irgendwie erschien es Black nicht recht, als er und die anderen Jungen sich mit Bärenfett bestrichen, ehe sie ins Wasser sprangen. Es hing nicht nur mit dem Geruch zusammen.

Er dachte daran, wie gestern Hairy Chin, ein alter Mann der Oglala, ans Ufer gekommen war und ihn zusammen mit fünf anderen Jungen, die im Fluß schwammen, zu sich gerufen hatte.

Der Alte nahm die Jungen zu einer Heilungszeremonie mit. Für Black Elk war es das erste Mal, daß er an einem solchen Ritual teilnahm, deswegen hatte es ihn besonders beeindruckt.

Der Patient war ein Krieger namens Rattling Hawk, der bei dem Gefecht am Rosebud einen Schuß in die Hüfte bekommen hatte. Das war jetzt acht Tage her. Die Leute meinten, Rattling Hawk werde sich nie mehr erholen; wenn er wieder aufkomme, werde er jedenfalls nicht mehr laufen können.

Dann wurde Hairy Chin geholt. Weil er seine Fähigkeit zu heilen während eines Traums von einem Bären entdeckt hatte, mußte jetzt jemand bei der Zeremonie die Rolle des Bären spielen. Dazu waren Black Elk und seine Kameraden ausersehen worden.

Black Elk wurde von Kopf bis Fuß mit gelber Farbe bestrichen. Sein Haar wurde so gebunden, daß es wie Bärenohren aussah. Die anderen Jungen wurden rot angemalt und bekamen echte Bärenohren an den Kopf geklebt. Hairy Chin hatte dann das Zelt des Kranken in einer Bärenmaske und mit einem Bärenfell bekleidet betreten.

Während er auf allen vieren herumkroch und ein heiliges Lied sang, kamen zwei Mädchen in die Krankenhütte und gaben Rattling Hawk ein Glas Wasser und einige Kräuter, die er kauen und herunterschlucken mußte. Darauf drückten die Mädchen dem Kranken einen roten Stab in die Hand. Sofort stand er auf und stützte sich auf den Stab. Die Jungen umtanzten ihn und ahmten Bärenlaute nach. Zuerst schwankte Rattling Hawk noch etwas, aber dann wurden seine Schritte zusehends sicherer. Es war nicht zu glauben, daß er sich eben noch kaum hatte bewegen können. Bald tanzte er mit den anderen, und man war sicher, daß er an seiner Wunde nicht würde sterben müssen.

Für Black Elk war das eine wichtige Erfahrung gewesen. Er dachte den ganzen Vormittag darüber nach. Vielleicht, so überlegte er, würde sich nach dieser Heilungszeremonie, bei der er eine wichtige Rolle gespielt hatte, auch in seinem Leben etwas Wichtiges ereignen.

12. Am Vormittag

Die Sonne stand schon hoch, als Custer mit den Scouts vom Krähennest herunterkam. Die Kavalleristen hatten unterdessen ihren Waffenappell beendet. Noch einmal wurden die Offiziere zu einer Besprechung zusammengerufen. Diesmal ertönte ein Trompetensignal. In den letzten zwei Tagen waren diese Signale untersagt gewesen, damit der Feind nicht gewarnt werde. Jetzt wußte jeder, daß Custer nicht länger damit rechnete, die Sioux überraschen zu können.

Die Offiziere drängten sich um den General. Die Scouts konnten nicht hören, was er sagte. Aber es war ihnen klar, daß jetzt endgültig die Marschbefehle ausgegeben wurden.

Die Reiter nahmen zu zweit nebeneinander Aufstellung. Custer wirkte gelöst. Er hatte sein blaues verwaschenes Armeehemd gegen ein mit Fransen verziertes Lederhemd vertauscht. Dazu hatte er ein knallrotes Halstuch angelegt, das er sonst nur zu Paraden trug. Sauber herausgeputzt von den Ordonnanzen tänzelte sein Lieblingspferd Vic.

Neben ihm nahm sich Mark Kellog, den die Indianer „Mann-der-das-Papier-sprechen-macht" nannten, ziemlich komisch aus. Das kurzbeinige Maultier, auf dem er mehr hing als saß, war so niedrig, daß die Füße des Zeitungskorrespondenten fast den Erdboden berührten.

Die Arikaras verzogen geringschätzig die Lippen. Kellog trug keine Waffe. Er hatte nur eine alte schwarze Ledertasche umgehängt. Indianer, die nahe genug an ihn herangekommen waren, wußten ihren Kameraden zu berichten, daß die Tasche außer Tabak und Pfeifen nur viele Blätter weißes Papier und Bleistifte enthielt.

Gestern hatte Kellog eine Nachricht gekritzelt. Girard hatte sie seinen indianischen Freunden übersetzt.

Sie lautete: „Wir verlassen morgen das Tal des Rosebud. Bis diese Meldung Euch erreicht, werden wir gewiß auf die roten Teufel gestoßen sein und mit ihnen gekämpft haben. Mit welchem Erfolg, das bleibt abzuwarten. Ich reite mit Custer und bleibe bei ihm, bis in den Tod."

Den Arikaras erschien das eine seltsame Art, über einen bevorstehenden Sieg zu reden. Ihr Unbehagen über das Gefecht mit den Sioux wuchs.

„He, ihr da", rief der General, „ja doch . . . ich meine den Crow mit den Streifen auf dem Gesicht."

White-Man-Runs-Him lenkte sein Pony näher, gefolgt von Mitch Bouyer.

„Ihr kennt euch doch hier aus", sagte Custer, „du reitest voraus und siehst dich um, wie es steht."

Der Indianer sah Bouyer fragend an, und der übersetzte.

„In Ordnung", antwortete der Indianer in seiner Sprache, „erkläre dem Sohn des Morgensterns, ich werde ihm den Weg hinüber ins Tal zeigen."

Darauf sprengte er in scharfer Gangart nach Westen davon. Die Truppen mit Custer und Kellog an der Spitze folgten. Nach wenigen Minuten hatte man den Kamm des Gebirges erreicht. Man sah jetzt hinab ins Tal des Kleinen Bighorn.

Eine Meile weiter befahl Custer zu halten. Er winkte jetzt seinen Adjutanten Leutnant William Cooke heran.

Durch ihn erhielten die Bataillonskommandeure Anweisung, welche Ausgangspositionen sie mit ihren Abteilungen einnehmen sollten.

Captain Frederick Benteen scherte mit seinen drei Kompanien nach links aus der Kolonne aus. Er ritt nach Südwesten davon und war in dem unübersichtlichen Gelände bald aus dem Blickfeld verschwunden. Da keiner der indianischen Scouts ihn begleitete, war klar, daß ihm die Aufgabe zugefallen war, zu verhindern, daß die Sioux talaufwärts am Fluß entkamen. Major Marcus A. Reno und seine drei Kompanien wurde angewiesen, einen kleinen Bach zu überqueren, der bei den Crows Oberer Ash Creek hieß und den die weißen Männer später Reno's Creek nennen sollten. Captain Thomas McDougal und seine Kompanie blieben zur Bewachung des langsamer vorrückenden Packzuges, der Ersatzmunition und Proviant transportierte, zurück. Fünf Kompanien ritten unter Custers Kommando auf dem rechten Bachufer des Ash Creek.

Es war kurz nach zwölf Uhr mittags, als Custers und Renos Abteilungen fast parallel und nur auf Rufweite voneinander entfernt auf beiden Seiten des Bachbettes vorstießen.

Die Crow-Scouts waren am rechten Ufer weit voraus. Mit jedem Hufschlag kamen sie ihrem Stammeslager näher, das sich irgendwo im Bighorn-Gebirge befand. Wenn die Sioux sich nicht in dieser Gegend aufhielten, betrachteten die Crows das Tal als ihr Jagdgebiet. Sie kannten hier jede Schlucht und jede Baumgruppe.

Gegen zwei Uhr erreichte White-Man-Runs-him mit seinen Crows die Kuppe eines nicht allzu hohen Hügels. Von dort aus sahen sie auf ein einsames Tipi hinab.

Obwohl das Zelt Indianern eines anderen Stammes gehörte, erkannten sie sofort, daß es sich um ein Begräbniszelt handelte. Einige der Zeichen, mit denen die Außenwände bemalt waren, hatten Ähnlichkeit mit den Symbolen, die die Crows benutzten.

Alte Bärin war ein Sansarc-Sioux, ein Bruder des Häuptlings Circling Bear. Bei den Kämpfen am Rosebud hatte er eine schwere Verwundung davongetragen. Seine Freunde hatten ihn zu einem Lagerplatz am Ash Creek gebracht. Dann aber, als man merkte, daß er die Verwundung wohl kaum überleben würde, waren seine Gefolgsleute in das große Lager vier Meilen stromabwärts gezogen. Zurückgeblieben waren nur seine engsten Freunde und einige seiner Verwandten.

Custers Crow-Scout Withe-Man-Runs-Him

Gestern waren Old Eagle und Two Bears ausgeritten und hatten einen Dachs erlegt. Sie brachten den Kadaver ins Zelt, schnitten den Bauch des Tieres auf, entfernten die Gedärme und ließen das Blut gerinnen. Dann richteten sie den Verwundeten so auf, daß sich sein Gesicht in dem Blut des Dachses spiegelte.

Es war dies eine Praktik, um die Zukunft vorherzusehen. Sah der Betreffende in der Blutlache ein junges Gesicht, so bedeutet das, daß er jung sterben würde. Erkannte er aber das Gesicht eines alten Mannes, so konnte er noch hoffen, ein paar Jahre am Leben zu bleiben.

Alte Bärin erschrak, als das Spiegelbild ihn so darstellte, wie er wirklich war: ein noch junger Mann.

Wenige Stunden darauf starb er.

Old Eagle und Two Bears malten das Gesicht des Toten rot an. Seine Witwe schnitt sich ihre schweren Zöpfe ab. Dann verletzte sie sich mit einem Messer am Bein. Ihre Klagerufe waren weithin zu hören.

Nachdem man den Toten in besondere Buckskins gekleidet hatte, legte man ihn auf ein Gestell aus Cottonwood und schlug über ihm ein Zelt auf. Die Außenwände wurden mit heiligen Zeichen bemalt. Damit sollte die Aufmerksamkeit Wakan-Tankas auf Alte Bärin gelenkt werden.

Meist dauerte das Dekorieren eines Totenzeltes mehrere Stunden. Da es aber in dieser Gegend nur wenig farbige Erde gab, war man bis Mittag damit fertig geworden. Unterdessen hatten die Witwe und eine andere ältere Frau die übrigen Zelte abgebaut und die wenigen Habseligkeiten zusammengepackt. Die Gruppe der Trauernden ritt mit ihren Ponys am Bach abwärts zum Little Bighorn River.

Während die Crows noch den Umkreis der Hütte absuchten, tauchte einer der Arikara-Scouts oben auf der Hügelkuppe auf. Die ganze Zeit hatte er sich zurückgehalten. Ihm war nicht daran gelegen, als erster mit den Sioux in Berührung zu kommen. Jetzt aber, nachdem gewiß war, daß es sich um ein aufgegebenes Lager handelte, kam er den Abhang heruntergeprescht. Ihm folgten mehrere seiner Stammesbrüder. Einer der Arikaras ging aus dem Sattel. Mit einem Messer schnitt er die Zeltwand auf. Der bemalte Leichnam starrte ihm entgegen. Erschrocken wich der Indianer ein paar Schritte zurück.

Jemand rief: „Custer kommt."

Eilig ritten die Arikaras in das Trockenbett jenseits des Totenzeltes, um auf den Kommandeur zu warten. Gleich darauf erschien er mit seiner Kavalkade, und Girard mußte seinen Befehl für die Arikaras übersetzen.

„Er will, daß ihr den Sioux dort drüben im Lager die Pferde wegfangt. Schaut, daß ihr auf dem kürzesten Weg zu den Weiden reitet und versucht, so viele Tiere zusammenzutreiben, wie ihr nur irgend könnt."

Die Arikaras rührten sich nicht.

„Nun tut schon, was der Sohn des Morgensterns euch befiehlt", drängte Girard.

Custer bemerkte das Zögern.

„Ich weiß, ihr habt heute einen schweren Tag", sagte Custer in nachsichtigem Tonfall, „aber wenn wir Ehre gewinnen wollen, müssen wir alle unser Bestes geben."

Einer der Arikaras zerrieb rötlichen Ton zwischen seinen Fingern. Dann winkte er seine Stammesgenossen heran und hieß sie, ihre Hemden hochheben. Er spie auf den Ton und zeichnete dann die roten Kriegszeichen auf ihre Brust.

Das Hornsignal fuhr knatternd in die träge Stille. Gleichzeitig wurden die Kriegsfähnchen des Regiments entrollt.

Reno hatte mit seiner Abteilung den Bach überquert. Die Reiter waren damit beschäftigt, die Sattelgurte nachzuziehen und überflüssige Ausrüstungsgegenstände abzulegen.

Custer saß starr im Sattel und beobachtete, wie Bloody Knife sich ein schwarzes Halstuch mit blauen Sternen umlegte.

Mitch Bouyer kam angeritten.

„General . . . Die Crows behaupten, Ihr werdet auf weit mehr Sioux stoßen, als es Euch lieb ist."

Custer ruckte aus seiner Starre.

„Kommst du jetzt auch mit der weichen Tour, Bouyer?"

„Weiche Tour?"

„Gelb", sagte Custer, „gelb wie Feigheit."

Bouyer kniff die Augen zusammen und schüttelte den Kopf.

„Wenn wir da reinreiten, kommen wir nie mehr raus."

In Custers Hals würgte wieder der Zorn, aber er beherrschte sich.

Neben Mitch Bouyer stand Bloody Knife, der sich durch Fingerzeichen verständlich zu machen versuchte:

„Seine Zunge spricht die Wahrheit, Ihr solltet diesen Rat ernst nehmen, General."

„Dummes Zeug!"

Custer lachte heiser.

Bloody Knife schaute in die Sonne. In der Sprache seines Stammes sagte er: „Ich werde dich nicht mehr hinter den Glänzenden Bergen untergehen sehen."

Unterdessen war Girard auf die Spitze einer Anhöhe geritten, von der aus man den Ash Creek übersehen konnte. Bisher hatte die Kolonne nur einzelne Indianer in der Ferne entdeckt. Jetzt machte Girard plötzlich einen Trupp von mindestens 40 Sioux aus, die zwischen dem Creek und dem aufgegebenen Lager in der Nähe des Totenzeltes eilig gegen den Little Bighorn River hin ritten.

Girard wandte sich im Sattel um und rief Custer zu: „Da laufen Eure Indianer wie Hasen."

Custer stieß einen Befehl für die Arikaras hervor, dann gab er seinem Pferd die Sporen: „Ihnen nach, Jungens! Wir greifen sie an."

Aber keiner der Arikaras setzte sich in Bewegung. Girard kam von der Erhebung herunter. Custer zügelte sein Pferd und ritt geradewegs auf die Arikaras zu.

Er brüllte sie an: „Ich habe euch befohlen, anzugreifen. Wie ist das hier? Gelten meine Befehle nicht mehr? Wenn ihr Angst habt, dann laßt wenigstens meine Soldaten vorbei. Ich werde euch die Waffen wegnehmen und Weiber aus euch machen."

Die Arikaras lachten unsicher, bis ihr Anführer ihnen Ruhe gebot. Custer war schon weggeritten. Er sah, daß Renos Abteilung bei dem verlassenen Lager hielt.

Er schickte seinen Adjutanten Cooke mit einem Befehl zu Reno. Cooke meldete: „Der General befiehlt Euch, die Indianer anzugreifen, Major. Nehmt Eure Kompanien und führt sie ins Gefecht. Schlagt die Indianer, wo Ihr sie trefft. Der General wird Euch mit seiner Abteilung unterstützen. Ihr sollt auch die Scouts mitnehmen."

Als Reno mit seinen Leuten scharf anritt, folgten ihm Reynolds und Herendeen mit den meisten der Arikaras. Zwei oder drei, die schlechte Pferde hatten, fielen etwas zurück und schlossen sich dem Packzug und McDougals Abteilung an. Mit Girard und den Arikaras ritt auch Isaiah Dorman, ein schwarzer Dolmetscher, der Jahre bei den Sioux gelebt hatte und ihre Sprache sprach.

Bouyer und die Crows blieben bei Custer. Einer von ihnen wies auf eine Staubwolke in der Ferne.

„Die Sioux laufen davon", sagte er.

Custer machte Half Yellow Face und White Swan Zeichen. Sie sollten auf einen Hügel reiten, um von dort aus zu beobachten. Aber die beiden Crows mißverstanden seinen Befehl. Sie machten scharf kehrt und jagten der Abteilung unter Reno nach. Bouyer zuckte nur stoisch die Achseln und führte dann vier andere Crows auf die Hügel hinauf.

Custer setzte sich an die Spitze seiner fünf Kompanien. In langsamer Gangart folgte er der Abteilung Reno, die bald nicht mehr zu sehen war.

Als die letzten Reiter von Custers Kompanien an dem einsamen Totentipi vorbeiritten, scherten vier Reiter aus der Formation aus und setzten das Zelt in Brand.

13. Renos Attacke

Renos Kommando überquerte den Little Bighorn River kurz nach zwei Uhr nachmittags. Custer befand sich etwa eine dreiviertel Meile hinter ihm, als Reno seine Kompanien in einem Gehölz jenseits der Mündung des Ash Creek gruppierte.

Zurückhängende Reiter beobachteten am anderen Ufer des Flusses Custer. Er ritt an der Spitze seiner Kompanien. Aus der Ferne sah es aus, als lache er übermütig. Er schwenkte seinen Hut. Die Männer, die ihn sahen, zweifelten nicht daran, daß er dicht hinter Reno bleiben und dessen Abteilung beim Angriff durch das Tal hinab unterstützen werde.

Vorn, dort wo der Wald in offene Prärie überging, stand Half Yellow Face bei Charly Reynolds. Er deutete auf Indianer, geradeaus und zur Linken, die nun nicht mehr flohen. Eine andere kleine Gruppe (es waren die Angehörigen von Alter Bärin) ritt zur Rechten am Rand des Wäldchens, das sich am Ufer hinzog.

Reynolds rief Girard herbei.

„Jemand sollte Custer davon verständigen, daß die Sioux nicht länger flüchten", sagte er.

Girard ritt zu Reno zurück. Der war auch schon auf die veränderte Lage aufmerksam geworden. Gerade ging ein Bote an Custer ab, der ausrichten sollte, man werde wahrscheinlich auf mehr Sioux stoßen, als man ursprünglich vermutet habe.

Innerhalb weniger Minuten hatte Reno seine Abteilung zu einer Kampfformation aufgestellt.

Die Indianer-Scouts unter Leutnant Varnum bildeten den linken Flügel. Zwei Kompanien, die A und die M, ritten in Viererformation voraus, während die Kompanie G als

Reserve etwas zurückhing. Auf der rechten Flanke lag der Fluß.

Insgesamt verfügte Reno über 112 Offiziere und Soldaten, dazu kamen 21 Scouts.

In scharfem Trab drangen die Reiter in das Tal ein. Zwei Meilen flußabwärts kamen die ersten Zelte in Sicht, während auf dem höher gelegenen Gelände gegen Westen, durch das die Scouts ritten, jetzt die große Ponyherde der Sioux zu erkennen war.

Während die Kavallerie direkt dem Dorf entgegenpreschte, bogen die Arikaras noch weiter nach Westen ab, um dem Feind die Pferde fortnehmen zu können.

Beim Spurt gegen den Rand des Zeltkreises wurde das Tempo der Reiter zum Galopp. Die Kompanie C schloß zu der übrigen Abteilung auf.

Reno war es, als trage ihn eine Welle dröhnender Hufe.

Als der Talboden ebener wurde, sprang am Ufer ein Waldstück vor und versperrte den Blick auf das Dorf. Dichte Staubwolken machten es für die Abteilungen schwierig, ihre Ziele im Auge zu behalten. Bloody Knife war allen anderen indianischen Scouts voraus. Ein Staubstrudel verschluckte ihn, aber bald tauchte er wieder daraus hervor und trieb drei Sioux-Pferde vor sich her.

„Kümmert euch um die Tiere", rief er Red Star und Boy Chief zu, „eines davon gehört mir."

Dann machte er kehrt und verschwand wieder in den Staubwolken. Diesmal hängten sich die übrigen Arikaras und zwei Crows an seine Fersen.

Da gab es etwas zu holen.

Sitting Bull saß nach dem Mittagessen in der Ratshütte. Bei ihm waren an diesem Nachmittag Crow King, Black Moon, Häuptling der Fox, die an diesem Tag als Lagerpolizei Dienst taten, und ein Blackfoot-Häuptling, Kill Eagle.

Abwesend war Gall, ein Unkpapa-Kriegshäuptling, der im Stamm als eifersüchtiger Rivale Sitting Bulls bekannt war.

In dem Gespräch ging es darum, Kill Eagle und seine Gefolgsleute dazu zu bewegen, im großen Lager zu bleiben.

Die Blackfeet hatten schon mehrfach in die Reservation zurückkehren wollen, aber Nachrichten über die Strafen des Weißen Mannes hatten sie bisher immer zurückgehalten.

Für Sitting Bull war die Aussprache eine Routineangelegenheit. Er war sicher, Kill Eagle würde sich auch diesmal wieder zum Bleiben bewegen lassen. Wahrscheinlich ging es ihm nur darum, dafür als Geschenk ein paar Pferde herauszuschlagen. Es war drückend heiß, und Sitting Bull hielt sich mit einem Büffelschweif die Fliegen vom Leib. Die Beratungen schleppten sich umständlich dahin.

Plötzlich stürzte ein Junge ins Beratungszelt. Die Häuptlinge fuhren hoch und wollten, ungehalten über die Störung, schimpfen, aber ein Blick auf den Zustand des Jungen bewies ihnen, daß es um eine Nachricht ging, die über Leben oder Tod entschied.

Fat Bear war einer der drei Sioux-Jungen, die am frühen Morgen mit den Soldaten zusammengestoßen waren.

Er hatte jetzt einen Lauf über 15 Meilen hinter sich. Er war der Erschöpfung nahe. Er stieß hervor, was er erlebt hatte, und sank dann zu Boden.

Wenige Minuten später kam sein Kamerad Brown Back ins Lager. Stundenlang war auch er im Dauerlauf durch das hügelige Land gerannt. Einmal hatte er soviel Zeit, wie es braucht, um sechs Meilen zu rennen, in einem Versteck gelegen, während die Abteilung Custers an ihm vorbeigezogen war. Die Sonne stand hoch am Himmel, ehe er weiter konnte. Unterdessen befanden sich die Soldaten zwischen ihm und dem großen Lager. Er hatte einen großen Bogen schlagen müssen, um ihnen auszuweichen.

Black Moon verständigte sofort die Lagerpolizei, von deren Kampfbereitschaft das Wohl und Wehe des ganzen Dorfes zunächst abhängen würde. Sitting Bull folgte ihm. Er lahmte etwas von einer Wunde, die er vor zwölf Jahren davongetragen hatte. In seinem Familienzelt traf Sitting Bull auf seinen Neffen One Bull. Der junge Mann war gerade dabei, einen alten Vorderlader zu überprüfen. Für den Nahkampf war die Waffe ungeeignet.

„Laß sie", sagte Sitting Bull. Er reichte statt dessen seinem Neffen eine Kriegskeule und hängte ihm seinen eigenen Schild aus Rehbockhaut um. Der Schild war nicht nur zum Schutz gedacht. Er war auch ein Würdenzeichen.

„Du wirst zu den Soldaten gehen", sagte Sitting Bull ruhig. „Versuche mit ihnen zu verhandeln. Wenn sie darauf nicht eingehen, sag ihnen, daß ich mit ihnen über Frieden sprechen will."

Der Kampflärm kam näher.

Sitting Bull schien sich überhaupt nicht darum zu kümmern.

Sein Gesichtsausdruck wirkte seltsam unbeteiligt. Einen Augenblick sann er darüber nach, warum er seinen Neffen aufgefordert hatte, Verhandlungen zu führen, da doch klar war, daß nun seine Vision in Erfüllung gehen werde.

Ein Geschoß streifte den Zeltmast. Holz splitterte. One Bull beobachtete den Onkel gespannt.

„Ja", sagte Sitting Bull, „sie werden nicht verhandeln, weder mit dir noch mit mir. Also dann ... nur zu. Hab keine Furcht. Es wird ihnen schlecht ergehen." Sitting Bull legte seinen Patronengurt um und verließ das Zelt.

Draußen sprang er auf ein ungesatteltes Pferd. Er ritt zum Zelt seiner Mutter, hob die alte Frau auf das Tier und brachte sie aus der Schußlinie. „Hoka Hey", rief er dann. Der alte Kampfruf der Sioux.

Von Lagerkreis zu Lagerkreis verbreitete sich die Nachricht.

„Die Soldaten kommen!"

Der Ausrufer der Unkpapas schrie es, so laut er konnte.

Kugeln prasselten wie Hagelkörner auf die Zelte der Unkpapas. Die Zeltplanen wurden zersiebt. „Nur Mut, Freunde", rief Sitting Bull, der überall auftauchte, „wir wissen, wofür wir kämpfen. Wenn wir heute besiegt werden, hat es keinen Sinn mehr zu leben. Es wird schwer werden, aber habt Mut, Männer, habt Mut."

„Es ist ein guter Tag, um zu sterben", brüllte ein junger Krieger.

Sitting Bull murmelte etwas, das nur er verstand.

Er mochte diesen Ruf nicht.

Er hatte ihn nie gemocht.

Die Verteidiger wichen nicht zurück.

Im Lager der Oglalas zuckte ein Kriegshäuptling bei den Alarmrufen zusammen.

Crazy Horse spürte ein weiches Gefühl in der Magengrube.

Die Angst.

Er hatte gehofft, nach dem Gefecht am Rosebud, in dem er seine Krieger zum Sieg geführt hatte, werde nun eine Weile Ruhe sein.

Die anderen hielten ihn für kugelfest.

Crazy Horse selbst wußte es besser.

Jedesmal, wenn er in den Kampf ritt, mußte er mit der Angst kämpfen, die in einer dunklen Ecke seines Körpers lauerte.

Dagegen halfen die Medizinvorbereitungen, die er jetzt, obwohl die Zeit drängte, mit großer Sorgfalt traf.

Er öffnete einen Beutel aus weichem Rehbockleder und entnahm daraus Erdhörnchenmehl, das über das Kriegspony gestreut werden mußte. Dann holte er eine Schachtel hervor, in der er seine Erdfarben aufbewahrte.

Er wählte gelben Ocker aus, befeuchtete seine Fingerspitzen mit Speichel und betupfte dann seinen mageren Körper mit Schutzflecken.

Allmählich fand er seine Gelassenheit wieder.

Er trat vor sein Zelt, ging über den Lagerkreis und rief seine Krieger zusammen.

„Meine Freunde", sagte er, „kämpft bis zum letzten Pfeil und zur letzten Patrone. Denkt daran, es wird schrecklich werden für die Frauen und Kinder, wenn die Soldaten in das Dorf eindringen."

Der Gegenschlag der Sioux kam plötzlich. Die Arikaras vergaßen, daß sie die Pferde des Feindes hatten forttreiben wollen. Sie fielen zurück wie Blätter, die der Wind vor sich herschiebt. Renos Reiter zügelten erstaunt ihre Pferde. Black Moons Streitmacht rannte an gegen die linke Flanke. Zwei Soldaten konnten ihre nervösen Pferde nicht halten, als die brüllende Horde der Sioux in die Reihen einbrach. Die Kavalleriepferde bäumten sich auf und trugen ihre Reiter genau dem Angriff der Sioux entgegen. Die roten Krieger öffneten ihre Reihen, und die Masse ihrer Pferde schien die Soldaten auf den durchgehenden Gäulen zu verschlucken.

Einige der Arikaras versuchten hinhaltenden Widerstand zu leisten. Bloody Knife und Young Hawk hielten auf den Pulk der Kavallerie zu. Die anderen Arikaras wurden von einem tosenden Haufen Sioux umritten. Es schien unmöglich, daß es in diesem Dorf so viele Krieger gab.

Wie ein Sturzbach schossen sie jetzt ins Tal ein. Reno sah sich hilfesuchend nach Custer um. Aber dessen Kompanien ließen sich nirgends blicken. Dieses Geheul, das die Sioux ausstießen, als sie ihren Gegenangriff vortrugen, machte Reno vollends nervös. Er konnte sich zehnmal sagen, es sei lächerlich, sich über diese barbarischen Laute aufzuregen. Es zerrte an seinen Nerven. Und verdammt, wo blieb Custer.

Einen Augenblick dachte er böse: „Wir sollen geopfert werden, damit er um so leichteres Spiel hat." Dann blieb keine Zeit mehr für solche Phantasien. Er mußte sich etwas einfallen lassen. Er hatte das Kommando. Er war verantwortlich. Von ihm wurde Umsicht verlangt.

Reno, der als Indianerkämpfer ohne Erfahrungen war, tat etwas Ungewöhnliches. Er ließ seine Reiter absitzen. Jeder vierte Soldat mußte die Pferde von drei anderen Reitern halten.

Zu Fuß kämpfend, versuchte er mit seinen Kompanien das Wäldchen am Ufer zu erreichen.

Nach einer Viertelstunde wurde die Lage immer kritischer. Reno sah sich von hinten bedroht. Dort standen die Soldaten, die die Pferde hielten. Wenn es den Indianern gelang, unter den Tieren eine Panik auszulösen, war alles verloren.

Reno biß sich auf die Lippen und sah das Tal hinab. Immer noch kein Anzeichen dafür, daß Custer mit seinen fünf Kompanien ihm wie versprochen zu Hilfe kam.

Das ganze Tal schien jetzt mit Indianern aufgefüllt. Alle Arikaras gaben Fersengeld und ritten zurück in die Richtung, aus der man gekommen war. Reno rief Leutnant Wallace zu sich.

„Schicken Sie einen Mann zu Custer", befahl er. „Allein kommen wir hier nie mehr heraus. Wir brauchen Unterstützung, und zwar rasch."

Wallace versuchte, jemanden zu finden, der den Auftrag übernahm.

Billy Jackson, ein Halbblut, schoß gerade auf einen Sioux, der in unmittelbarer Nähe vorbeigerast kam. Der Leutnant übermittelte Jackson den Befehl. Jackson deutete mit der Hand rückwärts. Das Handzeichen der Indianer für Verneinung. „Keiner kommt durch", sagte er dann auf Englisch.

Als Reno keine Möglichkeit sah, mit Custer in Verbindung zu treten, gruppierte er seine Kompanien um. Er stellte die Truppen nun so auf, daß der Fluß im Rücken und das Dorf zur Rechten lag. Die Soldaten zogen sich gegen den Rand des Wäldchens zurück.

Reno beschränkte sich nun strikt auf die Verteidigung. Den Angriff weiter gegen das Dorf hin vorzutragen, schien ausgeschlossen. Er sah sich schon jetzt einer starken Übermacht gegenüber.

Trotz der Wucht des indianischen Gegenschlages hatte Reno bisher nur einen seiner Arikara-Scouts verloren. Und Sergeant Heyen hatte beim Wechsel der Frontposition einen Schuß durch die Brust bekommen. Nun aber sah es so aus, als solle der Major noch einen weiteren Mann verlieren — durch Fahnenflucht. Einer seiner Soldaten kümmerte sich nicht um das heisere Brüllen, niemand dürfe zurückweichen, und rannte zwischen den Bäumen davon.

„Haltet ihn an", schrie Reno, „kein Mann verläßt die Linie ohne meinen Befehl."

White Swan, einer von den Crow-Indianern, schien Reno falsch verstanden zu haben. Vielleicht hatte auch Bloody Knife ihm Renos Worte mißverständlich übersetzt. Jedenfalls sprang White Swan rasch auf und lief dem Flüchtenden nach. Er schlängelte sich gewandt durch das Gebüsch, und es dauerte nur einen Augenblick, da hatte er den Mann in der Uniform eingeholt. Der Todesschrei des Soldaten, dem White Swan sein Messer in den Rücken gerannt hatte, ging unter im Gefechtslärm. Reno war zu beschäftigt, um den Vorfall zu bemerken.

Die Stellung im Gehölz schien nun auch nicht länger zu halten zu sein. Mehrere der am Zügel geführten Pferde waren getroffen worden. Die Indianer hatten das Wäldchen eingeschlossen. Hier und da war es ihnen sogar gelungen, in Renos immer dünner werdende Verteidigungslinie einzubrechen. Und immer noch kam keine Unterstützung. Die Munition wurde knapp. Seine Reserven waren schon in den Kampf geworfen worden. Wie sollte Reno zum Packzug durchkommen? Er mußte wieder aus dem Wald heraus. Nur so konnte er sich vielleicht mit seinen Männern freikämpfen. Er gab Befehl, wieder aufzusitzen. Aber in der allgemeinen Verwirrung hörten viele Männer das Kommando nicht. Etwa in der Mitte des Wäldchens war eine kleine Lichtung, der Lagerplatz eines Sioux-Medizinmannes. Hier versuchte Reno mit Bloody Knife zusammen wieder so etwas wie eine Kampfordnung in seine Abteilung zu bringen.

In diesem Augenblick brach eine Gruppe von Indianern durch und feuerte aus nächster Nähe. Im Getümmel verlor Reno seinen Hut. Mit zitternden Fingern band er sich hastig ein weißes Taschentuch um den Kopf, damit ihm die langen Haare nicht über die Augen fielen.

Der Soldat Lorenz von der M-Kompanie schrie auf: „Mein Gott, mich hat's erwischt!"

Er stürzte aus dem Sattel.

Von derselben Salve getroffen fiel Bloody Knife, nur zehn Meter von Reno entfernt. Der Arikara war zwischen den Augen getroffen worden. Blut spritzte Reno ins Gesicht. Federfetzen tanzten sekundenlang verrückt in der vom Pulverdampf geschwängerten Luft. Reno riß sein Pferd herum und preschte durch die Stämme hinaus auf die offene Ebene. Verwirrt folgten ihm seine Soldaten. Die Abteilung in Kampfordnung zu bringen war unmöglich. In Panik sausten die Reiter das Tal hinauf. Reno heftete seine Augen auf die Stelle, an der er und sein Kommando den Fluß vor wenigen Stunden überquert hatten. Bis dorthin schien es noch endlos weit.

Im Wäldchen kauerten sechs Indianer-Scouts. Sie waren verzweifelt damit beschäftigt, sich ihrer Haut zu wehren. So merkten sie nicht, daß Reno davonritt.

Young Hawk und Goose krochen durch das dichte Unterholz. Sie versuchten, sich zu Forked Horn und zu den beiden Crows Half Yellow Face und White Swan durchzuschlagen. Der Gegner erkannte dieses Manöver und nahm die beiden Männer unter Beschuß. Daraufhin wollten Young Hawk und Goose zu ihren Pferden, die sie an Bäumen festgebunden hatten. Sie waren eben aufgestiegen, da schoß Goose ein grausiger Schmerz durch den Leib. Young Hawk zügelte sein Pferd.

„Kamerad, ich bin verwundet", rief ihm Goose zu. Sein rechter Arm war bös zugerichtet. Young Hawk sprang zu ihm hin, nahm ihm den Patronengürtel ab und schlang ihn sich selbst um die Hüfte.

„Du mußt aus dem Sattel", sagte er zu Goose. Ehe der Verwundete noch absteigen konnte, brach das Pferd unter ihm zusammen. Young Hawk lehnte Goose gegen einen Baum und gab ihm die Zügel seines Ponys in die Hand. Er selbst riß sich seinen blauen Armeerock vom Leib und machte sich bereit, um sein Leben und um das seines Verwandten zu kämpfen. Durch die Baumstämme sahen die beiden Arikaras, wie sich in einiger Entfernung ein grimmiges Duell abspielte. White Swan ritt gegen einen großen Cheyenne an, der aus dem Pulk der feindlichen Reiter hervorgekommen war. Die beiden Männer schossen fast gleichzeitig. Beide stürzten aus dem Sattel. Der Cheyenne war sofort tot. Den Arikara-Krieger sahen die Crows auf allen vieren davonkriechen. Er war am Bein getroffen. Ein zweites Geschoß hatte ihm eine Hand weggerissen.

Half Yellow Face sprang aus der Deckung hervor und rannte geduckt auf die Stelle zu, an der White Swan lag. Dabei stieß er auf Young Hawk. „Komm mit", rief er, „wir wollen versuchen, meinen Freund herauszuholen."

Zusammen mühten sie sich durch das dichte Strauchwerk.

White Swan lag auf dem Rücken. An den Schultern zerrten sie ihn dorthin, wo Goose an einem Baum lehnte.

Die beiden Verwundeten stöhnten unterdrückt. Young Hawk spürte plötzlich ein Gefühl von Ekel in sich aufsteigen. Er würde nicht mit ansehen, wie der Feind seine verwundeten Kameraden quälte. Er würde den Tod suchen. Er umarmte sein Pferd, flüsterte ihm ins Ohr: „Ich habe dich immer gern gehabt" und lief dann zum Rand des Wäldchens, genau auf eine Gruppe von Sioux zu. Young Hawk schoß zuerst. Eine Salve schlug ihm entgegen. Erstaunt stellte er fest, daß er nicht getroffen worden war. Er rannte hinter einen Haufen dürrer Äste. Dort fand er Forked Horn, der das Gesicht gegen den Boden preßte, um den Kugeln zu entgehen. „Bist du verrückt", rief er Young Hawk zu, „sich dem Feind als Zielscheibe anzubieten, das ist keine Art zu kämpfen!"

Young Hawk vergaß, daß er hatte sterben wollen, und legte sich ebenfalls flach auf den Boden. Auf der offenen Prärie versuchten die Sioux rund um das Wäldchen das Gras anzuzünden. Der Rauch sollte die Scouts aus ihren Verstecken treiben. Aber das Gras war zu grün und brannte nicht.

Bald darauf zeigte sich ein Sioux auf einem grauen Pferd. Young Hawk feuerte und verfehlte. Er sprang hoch, feuerte wieder und tötete diesmal den Sioux.

Der Gegenangriff toste an den beiden Scouts vorbei. Der Schwerpunkt der Kämpfe lag jetzt schon etwas weiter entfernt.

„Nur ruhig, mein Freund", sagte Forked Horn, „wir haben sehr wohl noch eine Chance, hier herauszukommen, aber nur dann, wenn wir möglichst wenig Aufmerksamkeit erregen. Ich weiß, du bist tapfer. Aber laß es jetzt mit der Tapferkeit einmal genug sein."

Leutnant Donald McIntosh, der den Befehl bei der C-Kompanie hatte, war ein Indianer. Als Angehöriger des Stammes der Mohawks hatte er eine Zeitlang in Kanada gelebt. Für viele Jahre war er dann auf der Straße der weißen Männer mitgegangen. Als der Gegenangriff begann, gab es einen Augenblick, in dem er überlegte, warum er eigentlich mit den verdammten Weißen sterben solle. Er hätte sich seiner Uniform entledigen und zu den Sioux überlaufen können. Im allgemeinen Durcheinander wäre wahrscheinlich zunächst nicht entdeckt worden, wer er in Wirklichkeit war.

Aber dann begriff er, daß es zu spät war. Er beobachtete, wie Lonesome Charley Reynolds und Fred Girard auf ihre Art Waffenstillstand geschlossen hatten. Statt sich zu verteidigen, hatten sie ihre Feldflaschen mit Whisky aufgeschraubt und schütteten Schnaps in sich hinein.

Den Leutnant überkam Zorn. Er wollte sich auf sie stürzen und sie an den Schultern rütteln, aber dazu kam er nicht

152

mehr. Plötzlich tauchten überall in nächster Nähe im Wäldchen Sioux auf. Renos Rückzug war so rasch erfolgt, daß
auch McIntosh und der Rest der G-Kompanie keine Ahnung
davon hatten, daß der Kommandeur „Aufsitzen" befohlen
hatte. McIntosh war jetzt der ranghöchste Offizier der ab-
geschnittenen Gruppe. Die Verantwortung, die auf ihm
ruhte, ließ seine Gedanken langsamer gehen. Nur keinen
Fehler machen. Charley Reynolds kannte solche Skrupel
nicht. Er warf sich aufs Pferd und ritt los, um Reno einzuholen. Kaum aber hatte er den Wald verlassen, da traf ihn
eine Kugel. Sein Gewehr flog ihm aus den Händen. Mit
einem Fuß blieb er im Steigbügel hängen. Sein Pferd, das
durchging, schleifte ihn hundert Meter durch das Gras.

McIntosh versuchte seine Männer zusammenzuhalten.
Pfeile surrten. Das Pferd brach unter ihm zusammen. Ein
Pfeilschaft ragte aus seinem Schädel. McIntosh rannte zu-
rück zu den schützenden Bäumen.

Ein Soldat der G-Kompanie bot ihm sein eigenes Pferd an.

„Nehmen Sie es, Leutnant", rief er, „wir sind ohnehin
schon alle tote Männer. Ob ich nun zu Pferd oder zu Fuß
sterbe, ist mir gleichgültig."

Zu diesem Zeitpunkt waren Reno und seine Reiter schon
weit voraus. Zu sehen war von ihnen nur eine Staubwolke.

Abermals führte der Leutnant seine Leute aus dem Waldstück und versuchte, durch die Reno nachsetzenden Indianer
durchzubrechen. Aber seine Reiter wurden zum Fluß hinab-
gedrängt. Dort, nahe der steilen Uferböschung, wurde der
Leutnant von einem Indianer aus dem Sattel geworfen und
starb. Mit ihm kamen die meisten Männer der G-Kompanie
ums Leben. Nur wenigen gelang es, sich zum Haupttrupp
durchzuschlagen. Andere versteckten sich im Wäldchen.

Den flüchtenden Haupttrupp umschwärmten Siouxreiter.
Leutnant Varnum versuchte an die Spitze der Abteilung zu
reiten und die Männer davon zu überzeugen, daß es besser
sei, sich langsam zurückzuziehen. Auf der ganzen Strecke

lagen zusammengebrochene Pferde und Verwundete. Aber die Reiter, die noch im Sattel waren, dachten nicht daran, sich mit der Bergung ihrer Kameraden aufzuhalten. Jeder war sich selbst der Nächste.

Die Wucht des Sioux-Gegenschlages drängte die Hauptabteilung mehr und mehr gegen das Flußufer hin. Reno sah ein, daß es unmöglich war, sich bis zu jener Furt durchzuschlagen, die er auf dem Hinweg benutzt hatte. Vergebens hielt er in der Nähe nach einer flachen Stelle Ausschau. Von der sechs Fuß hohen Uferböschung mußten die Reiter in den Fluß hinab. Von beiden Uferrändern ging dabei ein tödlicher Kugelregen auf sie nieder.

Viele Sioux ritten mit ihren wendigen Ponys neben den schwereren Pferden der Kavallerie. Gefechte mit Gewehrkolben und Kriegskeulen von Pferd zu Pferd spielten sich ab, manchmal selbst noch unten im Wasser. Die gewöhnlich grünblau schimmernden Fluten, in denen sich der klare Sommerhimmel und das volle Blattwerk der Cottonwoods spiegelten, trugen rötliche Farbflecke stromabwärts.

Leutnant Benny Hodgson, Renos Adjutant und einer der beliebtesten Offiziere der „Siebenten", wurde am Bein verwundet und aus dem Sattel katapultiert, als sein Pferd das westliche Ufer hinabkletterte. Für einen Augenblick rettete ihm einer der Soldaten das Leben, indem er dem Offizier seinen Steigbügelriemen hinhielt und ihn so durch das Wasser zu schleppen versuchte. Drüben, auf der anderen Seite, war Hodgson schon derart geschwächt, daß er nicht mehr an Land kriechen konnte. Ehe er tot zusammenbrach, wandte er sich noch einmal um und feuerte seinen Revolver gegen die Sioux hin leer. Die Kavalleriepferde schwammen oder wateten, wo immer sie etwas schlüpfrigen Boden unter die Füße bekamen, und trugen ihre Reiter über ein Stück offenes Wasser, das immerhin fünfzig Fuß breit war. Sie waren dem Feuer der indianischen Scharfschützen auf den vor ihnen liegenden Klippen ausgesetzt, und die fast senkrecht abfallende östliche Uferböschung schien auf den ersten Blick unüberwindbar. Die Todesangst trieb die Männer zu unerhörten Leistungen an. Irgendwie schafften es die meisten, aus dem Wasser herauszukommen und ihrem Anführer durch eine steil ansteigende Spalte auf eine Erhebung etwa hundert Fuß über der Flußsenke zu folgen. Der Feldscher De Wolfe ritt in die falsche Schlucht ein. Er bezahlte für seinen Irrtum mit seinem Skalp.

Gegen vier Uhr, als sich Renos Abteilung auf den Erhebungen am östlichen Ufer sammelte und zu verschanzen begann, wurde festgestellt, daß fast ein Drittel aller Soldaten dieser Abteilung tot oder verwundet war oder vermißt wurde. Reno selbst schien nicht länger fähig, klar zu denken und vernünftige Befehle zu geben. Jene Männer, die sich hatten retten können und von dem erhöhten Punkt aus auf das Schlachtfeld hinübersahen, verspürten für einen Augenblick ein Gefühl der Erleichterung. Hunderte von indianischen Reitern ritten jetzt eilig flußabwärts, fort von Renos Hügel.

Nun erst, da sich die Erregung langsam legte, stieg in ihnen die Frage auf, wo denn Custer geblieben sei.

Am westlichen Ufer drüben hatte One Bull zwei Soldaten mit der Kriegskeule getötet. Der junge Unkpapa ließ sein Pferd ins Wasser springen und holte einen weiteren Soldaten mit einem Keulenschlag aus dem Sattel. Dann wendete er wieder und ritt über das Schlachtfeld. Nur noch drei Soldaten, wahrscheinlich jene Männer, die Pferde gehalten hatten, hasteten dem Fluß zu. One Bull wollte einen Kriegsschrei ausstoßen und ihnen nachsetzen, da hörte er die Stimme seines Onkels Sitting Bull.

„Du kannst sie entkommen lassen", sagte der alte Mann ruhig, „laß sie am Leben. Jemand muß die Wahrheit über diese Schlacht verkünden."

One Bull gehorchte. Sitting Bull bemerkte, daß der junge Mann mit Blut bespritzt war.

„Neffe, du bist verwundet. Du solltest ins Lager zurückreiten und dich verbinden lassen", sagte er. One Bull lachte nur. Es war das Blut eines Gegners, mit dem er sich einen erbitterten Nahkampf geliefert hatte. Er selbst war unverletzt.

Aber Sitting Bull bestand darauf, ins Lager zurückzukehren.

Er hatte das Gefecht überschaut. Die Abteilung, die man aufgerieben hatte, konnten unmöglich alle Soldaten sein. Er befürchtete, es könnte sich nur um einen Ablenkungsangriff handeln, und die Hauptmacht würde nun über das von Kriegern entblößte Dorf herfallen.

„Reiten wir heim, mein Neffe, und verteidigen wir die Frauen und Kinder", sagte Sitting Bull.

Am Rande des Wäldchens lag ein schwarzer Mann im Sterben. Seine Brust war blutig, und durch das Hemd sah man eine klaffende Wunde in seiner Brust. Der schwarze Mann hieß Isaiah Dorman und war einer der Dolmetscher der Siebenten Kavallerie, ein Neger, der früher einmal bei den Sioux gelebt hatte und ihre Sprache sprach.

Nun lag er hilflos auf der Erde ausgestreckt, und eine alte Unkpapa-Frau tauchte auf. Sie trug einen uralten Vorderlader, richtete die Waffe auf seinen Kopf und wollte abdrücken.

„Erschieß mich nicht, Tante", bat Dorman, „ich werde ohnehin bald sterben."

„Du giftige Natter", kreischte die Frau, „warum hast du die Soldaten hierher geführt?"

In diesem Augenblick ritt Sitting Bull mit seinem Neffen heran.

Sitting Bull erkannte den Neger. Früher hatten sie ihn in seinem Stamm den „schwarzen-weißen Mann" genannt.

„Ihr werdet ihn nicht töten", sagte Sitting Bull scharf zu der alten Frau, „er war ein Freund unseres Volkes."

Dorman bat um einen Schluck Wasser.

Sitting Bull ging zum Ufer und füllte sein poliertes

Sitting Bull

Büffelhorn. Bedächtig kam er zurück und reichte es dem Verwundeten. Nachdem er getrunken hatte, starb Dorman.

Sitting Bull und One Bull zogen die Leiche an den Füßen unter ein Gebüsch und ritten weiter nach Norden.

Nach einer Weile erreichten sie den ersten Zeltkreis. Im Lager war kaum jemand zu sehen. Die Frauen und Kinder waren auf das Schlachtfeld ausgeschwärmt, um die getöteten Soldaten auszuplündern, oder sahen von einer der Hügelbänke aus den Kämpfen zu.

Nur wenige Tipis im Lager der Unkpapas waren durch das Gewehrfeuer bei Renos Attacke in Flammen aufgegangen. Alles in allem war das Dorf ziemlich unversehrt. Nach einer Weile würde die Lagerpolizei einen jeden auffordern, in sein eigenes Zelt zurückzukehren.

Der junge Cheyennekrieger Wooden Leg hatte stürmische Stunden hinter sich. Er hatte unten am Fluß mitgekämpft und dort ein Gewehr erbeutet, aber da er schon eine Waffe besaß, überließ er diese Beute einem Sioux. Als er über das Schlachtfeld zurückritt, sah er, wie seine Kameraden Jagd auf versprengte Soldaten machten. Die verwundeten Reiter der 7. Kavallerie wurden ohne Gnade getötet. Aus den Taschen eines Toten nahm Wooden Leg etwas Tabak. Auch ein paar Patronen fand er noch. Er schloß sich dann wieder jenen Indianern an, die nun versuchten, auf dem Ostufer Renos Klippe zu bestürmen.

Er kämpfte an der Nordseite der Erhebung. Er gab ein paar Schüsse ab, aber die Entfernung zu den sich auf der Klippe oben eingrabenden Soldaten war zu groß, um jemanden zu treffen. Er war erst kurz an der Stelle, als jemand sagte: „Schau mal, dort hinten sind noch mehr Soldaten." Als er sich umwandte, sah er welche auf einem Höhenrücken in der Ferne flußabwärts und ebenfalls auf dem Ostufer. Die Neuigkeit machte rasch die Runde. Immer mehr Indianer ritten in dieser Richtung davon. Einige folgten den Hügelketten, andere überquerten den Fluß und ritten drüben durch das Tal.

Wooden Leg lenkte sein Pferd den steilen Uferhang hinunter und ließ es durch den Fluß waten. Im Lager ritt er zum Zeltkreis seines Stammes. Er sah, wie drüben auf dem Ostufer immer mehr Indianer aus den Hügeln hervorbrachen und nun gegen die andere Abteilung der Soldaten anstürmten.

Im Zelt traf Wooden Leg seinen Vater an. Er erzählte ihm von dem Gefecht weiter oben im Tal. Er gab ihm etwas von dem Tabak, den er erbeutet hatte, und wies stolz das Gewehr und die Patronen vor.

„Du bist tapfer gewesen", sagte der Vater, „laß es für heute genug sein und ruh dich jetzt aus."

„Nein", sagte Wooden Leg, „ich muß noch einmal fort. Ich will mit dabei sein, wenn unsere Männer auch noch die anderen Soldaten schlagen. Mit dem Gewehr kann ich meinem Stamm nützlich sein."

„Aber dein Pferd ist müde."

„Ich werde ein anderes Pferd nehmen."

Er ließ das erschöpfte Tier frei und fing sich ein anderes Tier aus der Herde, die innerhalb des Lagerkreises gehalten wurde. Sein Vater sattelte es ihm und befestigte an den Zügeln die Medizinutensilien. Unterdessen machte sich Wooden Leg für den neuen Kampf bereit. Er nahm sein Häutemesser mit. Er schaute einen Augenblick zu den Kämpfenden jenseits des Flusses im Nordosten hinüber.

Mehr und mehr Indianer ritten aus dem Lager dorthin. Die Soldaten, die man jetzt sah, bildeten auf dem Kamm eines Hügels eine Schützenkette.

Die Indianer befanden sich auf den niedrigeren Höhen vor den Soldaten und dem Fluß, und eine Abteilung ritt durch eine lange Mulde hinauf, offenbar, um in den Rücken der weißen Männer zu gelangen. „Denk daran, daß dein älterer Bruder auch schon bei dem Kampf dort dabei ist", mahnte der Vater, „es sind genug Krieger dort, um die Soldaten zu schlagen. Ich muß nicht meine beiden Söhne hinschicken. Du hast weder deinen Schild noch deine Adlerknochenflöte bei dir. Wage dich nur nicht zu nahe heran. Schieß aus großer Entfernung. Und laß deinen Bruder die Arbeit weiter vorn tun."

Zwei andere junge Männer standen nahebei. Sie hatten ihre Pferde und auch sonst alles bereit, aber sie meinten, sie hätten sich jetzt doch entschlossen, nicht auszureiten. Wooden Leg zeigte ihnen sein Gewehr und die erbeuteten Patronen. Wooden Leg erzählte ihnen auch, daß der Tabak, die Kleider und die anderen Dinge, die er mitgebracht hatte, von den Soldaten stammten, die er und seine Kameraden im Tal getötet hatten. Das stimmte sie um. Sie stiegen auf ihre Pferde und begleiteten ihn.

14. Custers Fall

Gegen zwei Uhr mittags, als Custer Major Reno den Befehl übermitteln ließ, er solle das Indianerdorf angreifen, hatte er wahrscheinlich tatsächlich die Absicht, dessen Abteilung zu unterstützen. Die offene Ebene westlich des Flusses war am besten dazu geeignet, einen Kavallerieangriff erfolgreich vorzutragen. Dort bestand Bewegungsspielraum. In dem zerklüfteten Gelände auf dem Ostufer hingegen war die Gefahr groß, in einen Hinterhalt gelockt zu werden.

Leutnant Varnum war Custers Kommando vorausgeritten und hatte dann gemeldet, viele Indianer und ein großes Lager in der Flußniederung gesichtet zu haben.

Aber er war nicht weit genug geritten. Hätte er einen Punkt erreicht, von dem aus er sich ein genaues Bild von der Ausdehnung dieser Nomadenstadt und der Kampfstärke ihrer Bewohner hätte machen können, so wären ihm unter Umständen Bedenken gekommen, überhaupt zu Custer zurückzukehren, von dem er wußte, daß er unbedingt den Kampf mit den Sioux suchen werde.

Mitch Bouyer und die Crow-Scouts, die lange in dieser Gegend gelebt und dort gejagt hatten, wußten, daß hinter einem Kamm von Steilklippen das Gelände sanft über drei, vier Meilen hin zur sogenannten Medicine Tail Coulee abfiel. Dieses Bett eines ausgetrockneten Baches durchschnitt scharf die Felskuppen und Höhenrücken und verlief dann zur Minneconjou-Furt am Little Bighorn River.

Wahrscheinlich waren es die Angaben dieser Scouts, auf die hin Custer seinen ursprünglichen Plan, sich zur Unterstützung von Reno bereitzuhalten, umstieß.

Er entschloß sich nun, auf diesem Weg zum Nordende des Indianerdorfes zu reiten. Auf diese Weise würden die Sioux und Cheyennes von Süden und Norden her zwischen die Puffer der beiden Abteilungen geraten und von ihnen zermalmt werden. Dieses Gefecht war die Chance seines Lebens, die Krönung seiner Laufbahn als Indianerkämpfer, der Sieg — die Voraussetzung für eine erfolgreiche Karriere als Politiker! Wenn ihn ein Gedanke die ganze Zeit gequält hatte, so die Vorstellung, die Sioux und Cheyennes könnten ihm entkommen und sich, in kleine Gruppen aufgeteilt, zwischen dem Bighorn-Gebirge und dem Fluß nach Südwesten zerstreuen. Einmal würde es dann äußerst schwierig sein, sie zu fassen, zum anderen würde Custer mögliche Erfolge bei Gefechten mit dem heranziehenden Terry teilen müssen.

Der neue Schlachtplan war wegen des unübersichtlichen Geländes nicht ohne Risiko. Aber was das betraf, war er bereit, sich auf sein sprichwörtliches Glück zu verlassen. Bei gewagten Operationen lebte er immer auf. Außerdem hielt er nicht viel von der Kampfmoral der Indianer. Seine Erfahrungen aus anderen Feldzügen gingen dahin: Griff man sie nur energisch an, so waren sie immer zu schlagen, selbst dann noch, wenn sie in der Übermacht waren. Deshalb maß er auch allen Hinweisen seiner Scouts über die große Zahl des Feindes kaum Bedeutung bei.

An der Spitze seiner fünf Kompanien F, C, E, I und L bog Custer nach rechts von der Lodgepole Trail ab und hielt an einem nördlichen Seitenarm des Ash Creek, damit die Pferde getränkt werden konnten. Hier traf ihn Renos Kurier an, der berichtete, der Major habe weisungsgemäß den Little Bighorn überschritten, stromaufwärts schwärmten Sioux aus, um sich ihm entgegenzustellen. Die Botschaft enthielt abermals eine Warnung. Es seien weit mehr Indianer als erwartet.

Darauf gab Custer nichts. Was ihm der Soldat McIlhargy da meldete, konnte seiner Ansicht nach nur bedeuten, daß die Sioux ihr Lager abbrachen und sich auf der Flucht in die Hügel befanden. Die Krieger, von denen in dieser Meldung die Rede war, waren ausgeschickt worden, um den Rückzug der Frauen und Kinder zu decken, ihnen Zeit zu verschaffen, mit ihrer Habe zu fliehen.

Ungeduldig, nun endlich auf den Gegner zu treffen, führte Custer seine Truppen über einen Höhenzug und wandte sich östlich der Uferfelsen stromabwärts. Dabei ritt er unmittelbar unter der Erhebung vorbei, auf der Reno und seine Männer etwa eine Stunde später Zuflucht suchen würden.

Zweimal auf seinem Weg zum Medicine Tail Coulee hielt er kurz an und erklomm mit seinem Pferd die Felsen des Steilufers.

Bei dem ersten Abstecher sah er auf mehrere hundert Zelte am anderen Ufer — nur ein kleiner Teil des großen Lagers.

Von diesem Punkt aus konnte er auch beobachten, wie sich Renos Angriff durch das Tal hin entwickelte. Der Major schien gut voranzukommen. Man würde bald zusätzliche Munition brauchen. Also befahl Custer seinem Bruder Tom, den Sergeanten Kanip zurückzuschicken. Er sollte McDougal auffordern, sich zu beeilen.

Nach diesem Aufenthalt ritt Custer in so scharfer Gangart weiter, daß vier Pferde seiner Abteilung vor Erschöpfung zusammenbrachen. Zwei der Reiter schlugen sich später zu Renos Stellung durch. Die beiden anderen wurden nie mehr gesehen und von der Armee später als vermißt erklärt.

Nach der Zeitrechnung des Weißen Mannes war es gegen drei Uhr, als Custer zum zweiten Mal auf eine der Klippen hinaufritt. Bei ihm waren diesmal Captain Tom Custer, Adjutant Cooke, Autie Reed und der Trompeter Martini.

Das Dorf, auf das sie herabsahen, schien wie ausgestorben. Zwischen den Zelten entdeckten sie nur einige Frauen und Kinder.

„Wir haben sie beim Mittagsschlaf erwischt!" frohlockte Custer.

Daß er jetzt Renos Kommando nicht mehr sehen konnte, beunruhigte ihn überhaupt nicht.

Seinem Bruder Tom, der ihn darauf hinwies, erklärte er, wahrscheinlich versperre ein Waldstück die Sicht auf die Kampfszene. In beträchtlicher Entfernung stromaufwärts erkannten die Männer eine größere Staubwolke. Das mochten Benteen und McDougal mit dem Packzug sein.

Noch eine halbe oder eine dreiviertel Stunde, und man würde die Indianer von zwei Seiten her gestellt haben. Dann war es gut, wenn zusätzliche Munition zur Stelle war.

Diesmal war es der Trompeter Martini, der abgeschickt wurde, um Benteen anzutreiben.

Seinen großen weißen Hut übermütig schwenkend und gut gelaunt mit den Augen zwinkernd, befahl Custer seinen Reitern, sich wieder in Marsch zu setzen. Trompeter Martini war ein junger Italiener, der nur wenige Worte Englisch sprach. Adjutant Cooke kritzelte deshalb für ihn den Befehl auf ein Stück Papier. Da stand:

Benteen. Los komm. Großes Dorf. Rasch. Bring den Packzug mit. W. W. Cooke. PS Packzug nicht vergessen.

Cooke riß die Seite aus einem Notizbuch und gab sie dem Trompeter. Der Junge trieb sein Pferd an, zurück in die Spur. Als er wieder auf höheres Gelände kam, dort, wo er zuvor mit Custer gesessen hatte, sah er sich noch einmal nach der abrückenden Kolonne um. Die Vorhut verschwand schon in einer Senke, die wohl zur Furt durch den Little Bighorn hinabführte. Ein Trupp mit weißen Pferden folgte.

Es war das letzte Mal, daß ein weißer Mann Custers Männer lebend zu Gesicht bekam.

Martini ritt nach Süden an der Kante der Steilklippen entlang. Er schaute hinab auf den Fluß, wo Reno vorstieß. Er hörte Schüsse und sah viele kleine braune Gestalten auf ihren Ponys dahinjagen. Reno trieb sie vor sich her ... so meinte er. Dann drang aus dem Grasland, in dem Custer verschwunden war, lauter Kriegslärm herüber. Martini nahm sich vor, sich zu beeilen. Custer würde die Munition brauchen. Von Süden kam ihm ein einzelner Reiter entgegen. Er trug Buckskins, war aber ein Weißer. Er verschwand kurz in einer Bodensenke, tauchte wieder hervor, die Gestalt wurde größer. Es war Boston Custer. Der Zahlmeister war beim Packzug zurückgelassen worden.

„Wo ist der General?" rief Boston, und seine hellen Custer-Augen versprühten Erregung.

Martini deutete in die Richtung des Schlachtlärms. Boston galoppierte davon — der letzte Mann, der sich Armstrongs dem Untergang geweihter Kolonne anschloß.

Martinis Pferd war müde. Der Trompeter gönnte ihm keine Verschnaufpause. Die Geräusche von entfernten Schüssen drangen zu ihm aus zwei Richtungen. Reno und Custer. Es würde gewiß einen großen Sieg geben. Schaffte er es mit seinem abgekämpften Pferd, die Nachricht zu überbringen? Der Junge auf dem schwankenden Tier schien nur ein Fleck im Gras unter der Schüssel des Himmels. Prärieblumen, purpur, gelb und weiß, nickten in der Junibrise.

Unterdessen hatten Custers Crow-Scouts ein paar Sioux-Krieger aus ihren Verstecken gejagt. Sie gaben einzelne Schüsse auf die Soldaten ab und schwenkten Büffeldecken, um damit unter den Kavalleriepferden eine Panik auszulösen. Für Custer war das die erste Feindberührung.

Entgegen vielen anderslautenden Aussagen und Behauptungen kann man davon ausgehen, daß die Sioux für die beiden Gefechte am Little Bighorn keinen Schlachtplan hatten.

Ein solches vorher ausgearbeitetes strategisches Konzept wäre auch völlig sinnlos gewesen, weil es ja unter den Stämmen keinen eigentlichen Oberkommandierenden gab, der die Abteilungen und Gruppen gemäß einem solchen Plan hätte dirigieren können. Man kann sagen: Die Indianer reagierten den Umständen entsprechend. Und die Umstände — ihre große zahlenmäßige Überlegenheit und das für sie günstige, da ihnen besser vertraute Gelände — setzten sie in Vorteil, noch dazu, da Custer von Anfang an, verleitet von einem fast fieberhaften Verlangen, rasch einen Sieg davonzutragen, schwerwiegende Fehler machte. So genommen ist die Schlacht vom Little Bighorn River ohne Geheimnis und ihr Mythos fauler Zauber.

Gab es also auf seiten der Indianer keinen genau festgelegten Operationsplan, so dürften sich doch Männer wie Sitting Bull, Gall, Crazy Horse, Crow King und die anderen wichtigen Persönlichkeiten im Lager sehr wohl ihre Gedanken darüber gemacht haben, was im Fall eines Angriffs der Weißen auf ein so großes Dorf zu tun sei.

Zwei Grundregeln waren für jeden Häuptling, ja für jeden erfahrenen Krieger klar.

Das Lager war stark genug, um zu kämpfen. Man brauchte also selbst bei einem überraschenden Angriff der Weißen nicht unbedingt sein Heil in der Flucht zu suchen.

Wenn es aber zum Kampf kam, dann mußte sich der Kampf außerhalb des Dorfes abspielen. Sioux wie Cheyennes wußten aus der Vergangenheit, was geschehen konnte, wenn es dem Feind gelang, ein Lager zum Schlachtfeld zu machen.

Daraus und aus den Geländeverhältnissen in der Umgebung des großen Lagers ergab sich fast selbstverständlich alles weitere.

Das hohe Ufer gegenüber dem Dorf mit seinen mit Sagebrush und anderen Trockenpflanzen bedeckten Hügeln, die von unzähligen trockenliegenden Bachbetten und kleinen und großen Schluchten durchschnitten wurden, boten eine natürliche Deckung für Hunderte, ja Tausende von Kriegern, ob nun zu Fuß oder beritten.

Dies galt insbesondere für zwei Schluchten, die nicht weit voneinander entfernt nördlich und östlich des Little Bighorn verliefen.

Die östliche Schlucht öffnete sich zum Fluß in der Nähe des Medicine Tail Coulee. Die andere beschrieb einen weiten Bogen nach Westen, ihr Eingang lag bei Cheyennes Ford, gegenüber dem nördlichen Ende des großen Lagers. Zwischen diesen beiden Taleinschnitten steigt aus den Flußsenken ein langgezogener Höhenrücken auf.

166

Wie Sitting Bull, so vermuteten auch andere Sioux — und Cheyennekrieger, daß die Abteilung unter Major Reno nur ein Teil des Armeeverbandes sein könne, der das große Lager angriff.

Gall, Sitting Bulls Konkurrent, hielt sich, nachdem Reno in die Flucht geschlagen worden war, nicht damit auf, nach den Frauen und Kindern des Stammes zu sehen. Er ließ einige seiner Leute in der Umgebung von Renos Hügel zurück — genug, um dort eine Art Belagerungsring aufzubauen — und ritt mit dem Rest seiner Streitmacht wieder in Richtung des Lagers. Crazy Horse, der etwas verspätet in den Gegenschlag gegen Reno eingegriffen hatte, entdeckte auf dem hohen Ostufer Custers Abteilung und ritt daraufhin sofort mit einem großen Verband der Oglalas und Cheyennes zurück. Er überquerte den Fluß bei Cheyennes Ford und zog die westliche Schlucht hinauf.

Eine Abteilung von mehreren hundert Unkpapa Kriegern war schon in die östliche Schlucht eingeritten.

Von der Gruppe um Crazy Horse hatten sich gleich nach der Überquerung des Flusses Iron Star und Low Dog mit ihren Anhängern gelöst. Sie ritten nun auf einer Linie, die zwischen dem Höhenzug und dem Fluß verlief.

Es wimmelte also in dem Gebiet, in das Custer jetzt vorstieß, nur so von Indianern. Von all dem ahnte er nichts.

„Wir haben sie beim Mittagsschlaf überrascht!"

Dieser Ausruf kennzeichnet seine Vorstellungen von der Lage.

Seine Kolonne bewegte sich über den unsicheren Untergrund des Medicine Tail Coulee abwärts.

Mitch Bouyer wies den jüngsten der Crow-Scouts, Curley, an, sich aus dem Gefecht herauszuhalten, es aber von den Klippen herab eine Weile zu beobachten und dann zu General Terry zu reiten, von dem man annahm, daß er schon in der Nähe sei.

Die drei noch verbleibenden Crow-Scouts, Hairy Mocassin, Goes Ahead und White-Man-Runs-Him, schickte Custer selbst kurz darauf zum Packzug zurück. Sie waren froh über diesen Befehl, denn sie glaubten jetzt weniger denn je an einen Sieg.

Was diese Augenzeugen von dem höher gelegenen Gelände aus unten am Minneconjou Ford sahen, ist umstritten. Keinen Zweifel kann es darüber geben, daß sie wenigstens den Anfang von Custers Untergang miterlebten. Hätten sie fünfzehn Minuten oder eine halbe Stunde ausgeharrt, so hätten sie auch noch den letzten Akt mit anschauen können, der sich dann auf der nahegelegenen, mit Staub und Pulverdampf umwölkten Hügelspitze abspielte.

Die Büffelfelle schwenkenden Lockvögel verschwanden in einem vom Lager fortführenden Seitencanyon. Custer, dem dieser alte Trick der Indianer wohlvertraut war, führte seine fünf Kompanien zur Öffnung des Bachtales, wo die Abteilung aufgehalten wurde. Vom anderen Ufer des Flusses her schlug Gewehrfeuer herüber.

Da seine Männer in Kolonne ritten und sich der Zug der Kavallerie aufwärts bis weit in den Canyon hinzog, konnte Custer nicht die volle Feuerkraft seiner Truppe ausspielen. Und gerade an dieser Stelle und in diesem Augenblick hätte genau dies unter Umständen die Lage zu seinen Gunsten entscheidend verändern können.

Hätte Custer es geschafft, an dieser Stelle über den Fluß zu kommen und in das Lager einzubrechen . . .

Der Lagerkreis der Cheyennes lag zu diesem Augenblick fast völlig verlassen da. Lediglich einige alte Männer hockten im Schatten der Zelte. In seinem Tipi saß White Elk, der sich bei dem Gefecht am Rosebud aus Versehen selbst durch die Hüfte geschossen hatte. Nur vier weitere kampffähige Männer von fast 700 Kriegern waren zurückgeblieben. Die anderen hatten sich zuerst den Verteidigern des Unkpapa-Lagers angeschlossen und waren dann beim Gegenschlag gegen Reno mitgeritten.

Bobtail Horse, ein Elk-Krieger, hatte, wie die meisten Mitglieder dieser Kriegergesellschaft, in früheren Jahren die Vision eines Elchs gehabt, und von daher leitete sich seine Hoffnung auf ein langes Leben und auf Glück in der Schlacht ab. Wie jeder Cheyenne wußte, war ein Elchzahn eine heilige Medizin, die alles überdauerte, was sonst zu Staub zerfiel.

Über Stunden hin hatte Bobtail Horse an diesem Mittag versucht, ein Loch durch einen Elchzahn zu bohren, den er dann in seine Haartracht als Kriegszauber einbinden wollte. Als Alarm gegeben worden war, hatte er sich zurückgehalten. Nicht, weil er feige war. Er hatte seine Medizin noch nicht fertig, und es wäre töricht gewesen, ohne dieses Zauberutensil in die Schlacht zu reiten.

Endlich hatte er den Zahn durchbohrt. Um das Loch zu vergrößern, benutzte er ein Stahlmesser. Dann fädelte er den Zahn auf eine Lederschnur und knüpfte ihn an den kleinen Reifen, der mit Stachelschweinborsten verziert war. Den Reifen stülpte er über den Kopf, so daß er in der Nähe seiner Skalplocke zu sitzen kam. Jetzt erst war er zum Kampf bereit.

Er holte sich noch eine Handvoll Kugeln, griff sich seinen Vorderlader und trat aus dem Zelt. Während er zu seinem angehobbelten Pony ging, hielt er erschreckt inne. Es war wie ein Alptraum. Über die Zeltspitzen hin sah er über den Fluß, und drüben in das Trockenbett hinein. Von dort herab galoppierten Soldaten. „Nutskaveho", schrie er so laut er konnte, „weiße Soldaten kommen!"

Roan Bear hatte vor der Medizinhütte Wache gestanden. Jetzt kam er zusammen mit White Cow Bull herbeigestürzt.

Beide Männer hatten die ganze Zeit über bedauert, daß sie zur Wache an der Medizinhütte eingeteilt worden waren und deshalb nicht ins Gefecht reiten durften. Aber die nun drohende Gefahr entband sie von ihrer Verpflichtung. „Sie kommen durch den Fluß", rief Bobtail Horse. Während Roan Bear und White

Cow Bull ihre Ponys einfingen, stürzte noch ein vierter Krieger aus einem der Zelte, wo er sich zuvor noch sorgfältig das Gesicht mit Farbe eingerieben hatte. Es war Calf, ein Crazy-Dog-Krieger, der von den Kriegergesellschaften der Elks und Foxes nicht viel hielt. Mad Wolfe, ein alter Mann, ritt auf einem spillrigen Pferd heran.

„Meine Söhne", rief er den anderen nach, die zur Furt ritten, um sich den Soldaten entgegenzustellen, „meine Söhne, greift die weißen Männer jetzt nicht an. Es sind zu viele. Wartet, bis euch eure Brüder zu Hilfe kommen."

Während er neben den Kriegern herritt, stieß er ständig Klagelaute aus.

Bobtail Horse wandte sich zu ihm um: „Nur der Himmel und die Erde dauern ewig, Onkel. Wenn wir die Soldaten nur aufhalten, spielt es keine Rolle, falls wir dabei sterben müssen."

Mad Wolfe zog seinen Kopf ein, wendete sein Pferd und ritt zu den Zelten zurück.

Die vier Krieger aber galoppierten voran. Am Flußufer gingen sie hinter einer Bodenwelle in Deckung und eröffneten das Feuer. Sie feuerten und luden, und ständig schrien sie dabei, so laut sie konnten, um den Eindruck zu erwecken, hinter der Deckung lägen hundert Krieger und nicht nur vier.

Custer hielt mit seinen Soldaten am anderen Ufer. Die Schüsse hatten einen seiner Leute aus dem Sattel geworfen. Es entstand ein kleiner Tumult, zumal der Boden glitschig und aufgeweicht war. Die Stockung brachte die gesamte Abteilung nach rückwärts in Unordnung.

White Cow Bull war sicher, daß er würde sterben müssen. Die Soldaten unmittelbar am gegenüberliegenden Ufer erwiderten das Feuer. Und er sah die

Masse von Reitern, die sich hinter ihnen drängte. Es war nur eine Frage der Zeit, wann die weißen Männer in den blauen Uniformen ihn und seine Kameraden überrennen würden. Irgend jemand rief: „Schießt weiter, verdammt, schießt."

Er blieb auf seinem Posten, lud und zielte.

Custer zögerte. Vor ihm versuchte man den Verwundeten, der ins Wasser gestürzt war, zu bergen. Pferde keilten aus. Er überlegte, ob er seinen Reitern den Befehl geben sollte, aus dem Sattel zu gehen und unmittelbar am Ufer eine Schützenkette zu bilden. Aber das würde aufhalten. Alles ging ihm jetzt viel zu langsam. Dann sah er, daß eine große Gruppe von Indianern auf dem anderen Ufer gegen die Stelle hinritt, von der die Schüsse herüberschlugen. Vielleicht eine Falle. Seine Leute sahen jetzt nervös auf ihn. Hinten schrien sie, sie könnten die Pferde nicht mehr halten. Für einen Augenblick hatte er den Schreckenstraum, eine Lawine von Pferden und blaugekleideten Männern werde in den Fluß rutschen und ertrinken. Da rief er: „Weiter stromaufwärts. Wir versuchen es an einer anderen Stelle."

„Hoka hey. Sie fliehen!" hörte White Cow Bull einen seiner Kameraden rufen.

Er hob etwas den Kopf. Sehr viele Indianer zu Pferde kamen heran und jagten sofort durch die seichte Stelle über den Fluß. Um die vier Männer, die alleine 215 Soldaten aufgehalten hatten, kümmerte sich jetzt niemand mehr.

„Wer wird uns das glauben", sagte Bobtail Horse.

„Ich lebe, ich lebe!" schrie White Cow Bull.

Die Kompanien F, C und E unter Tom Custer, Yates und Smith folgten in gestaffelten Formationen. Aber bald ging es nicht mehr darum, stromaufwärts eine günstigere Übergangsstelle zu finden. Jetzt griffen Iron Star und Low Dog vom Fluß her an. Ein Keil traf Custers Abteilung halb von hinten plötzlich mit großer Wucht in die Flanke. Man versuchte den Westhang eines Hügels jener Art zu erklimmen, die man nach ihrer Form im Westen „Schweinerücken" nennt. Oben auf dem Kamm würde es leichterfallen, den stürmischen Angriff der Indianer abzufangen. Von einem Augenblick zum anderen war die Lage verändert. Die Angreifer sahen sich in die Verteidigung gedrängt.

Als der Befehl, rechts abzubiegen, kam, operierte Keogh mit der I-Kompanie und die L-Kompanie unter Calhoun noch ziemlich weit vom Minneconjou Ford entfernt. In sie hinein ritten Galls Verbände. Indianer über Indianer. Beide Gruppen der Weißen kletterten nun auch hangaufwärts.

Calhouns Männer bekamen den Befehl, aus dem Sattel zu gehen und auszuschwärmen. Sie sollten den Feind mit Gewehrfeuer so lange hinhalten, bis der Rest des Kommandos die Höhe erreicht hatte.

Nicht weit entfernt folgte Keogh, der ebenfalls bestrebt war, Calhouns Aufstieg abzusichern. Er konnte dem Bataillon nur vorübergehend Luft verschaffen.

Die Männer der Schützenkette kämpften mit dem Mut der Verzweiflung. Sie schossen mit Karabinern, deren Läufe heiß geworden waren. Sie benutzten ihre Gewehre als Keulen, wenn sie wegen defekter Munition Ladehemmung hatten. Galls Attacke stampfte sie buchstäblich in den Boden.

Siegesgeschrei brandete bei den Indianern auf. Gall gruppierte um. Er schlug und schoß auf die Gruppe um den Offizier ein. Der Captain brach mit einer Verletzung am Bein zusammen. Vergebens versuchten seine Sergeanten ihn zu decken. Der Befehl kam, das Dutzend der Überlebenden solle sich zu Custer durchschlagen. Die Männer ritten genau in eine Salve hinein. Der Wimpel der I-Kompanie rutschte durchs Gras den Abhang hinunter und wurde von einem Indianer zu Pferd aufgefangen. Leutnant Smith mit der E-

Kompanie hatte etwa die Hälfte des westlichen Abhangs erstiegen, als seine Männer regelrecht in Stücke gerissen wurden, noch ehe sie aus dem Sattel konnten.

Als sich die gelichteten Reihen der C- und F-Kompanie der Spitze des Schweinerückens näherten, wurden sie dort schon von Hunderten von Oglalas und Cheyennes, angeführt von Crazy Horse, erwartet. Die vierzig umstellten Soldaten und Offiziere spürten, wie sich die Schlinge um ihren Hals immer enger zusammenzog. Aus allen Richtungen schossen gellende, siegesbewußte rote Krieger hervor, wirbelten durch den dichten Vorhang von Rauchschwaden und feuerten zu Fuß oder vom Pferderücken aus ihre Waffen ab, um dann sofort wieder im Ungreifbaren zu verschwinden.

Für geraume Zeit hielt sich die immer kleiner werdende Gruppe um Custer hinter einem Schutzwall toter Pferde. Dann, bei einem verzweifelten Ausbruchversuch, kam eine ganze Welle anreitender Indianer ihnen entgegen. Pferdehufe, Kugeln und Pfeile machten ihrem Leben ein Ende.

Die Sieger ritten das Schlachtfeld ab. Wo sie einen Verwundeten entdeckten, töteten sie ihn. Vereinzelte Schüsse waren noch über eine halbe Stunde hin zu hören.

Als er unter den toten Männern umherging, fand Wooden Leg eine Metallflasche. Sie war mit einer Flüssigkeit gefüllt. Er öffnete die Flasche. Die Flüssigkeit war kein Wasser. Kurz darauf fand er noch eine zweite solche Flasche. Er zeigte sie anderen Indianern. Sie rochen daran. Ein Sioux sagte:

„Es ist Whisky."

Einige Männer tranken aus der Flasche, spien aber die Flüssigkeit gleich wieder aus. Bobtail Horse wurde es schlecht. Er mußte sich erbrechen, nachdem er einen großen Schluck genommen hatte.

Jemand sagte: „Dieses Wasser hat die Soldaten verrückt gemacht, deshalb haben sie einander erschossen, statt auf uns zu schießen."

Wooden Leg aber glaubte, das närrische Verhalten mancher weißer Soldaten im Kampf sei durch die Gebete der Medizinmänner bewirkt worden.

Aus dem Hemd eines toten Soldaten, der drei Streifen auf seinen Ärmel genäht trug, nahm Wooden Leg ein gefaltetes Lederpäckchen. Darin steckten viele Papiere mit Bildern und Schriftzeichen, die für ihn keinen Sinn ergaben. Das Papier hatte grüne Farbe. Er zerriß es und schenkte den Lederbeutel einem Freund. Auch andere Indianer hatten solche Beutel gefunden. Manche dieser Papierfetzen behielten die Finder, die meisten aber schenkten sie den Jungen, die die Bilder darauf betrachten wollten.

Ehe die Soldaten in Fort Lincoln ausgerückt waren, hatten sie Löhnung für zwei Monate erhalten. Die meisten von ihnen hatten seither keine Gelegenheit gehabt, etwas von dem Geld auszugeben.

Wooden Leg hatte einen Soldatenrock und ein Paar Breeches erbeutet. Er nahm auch zwei Metallflaschen voll Whisky mit. Am Ende seines Pfeilschaftes trug er einen Skalp.

Er schwenkte den Skalp, als er unter seinen Leuten dahinritt. Die erste Person, die er im Lager traf, war die Mutter seiner Mutter. Sie lebte in einer kleinen Weidenhütte für sich allein.

„Was ist das?" fragte sie, als er ihr den Skalp hinhielt. Er erklärte es ihr.

„Ich gebe ihn dir", sagte er und streckte ihn gegen ihr Gesicht hin. Sie schrie und sprang zur Seite. „Nimm ihn", sagte er, „das ist eine gute Medizin für dich." Dann erzählte er ihr, wie er am Fluß einen Crow getötet, wie er zwei Gewehre erbeutet und zwei Soldaten den Schädel eingeschlagen hatte. Er erzählte ihr auch von dem nächsten Kampf auf dem Hügel, bei dem alle Soldaten ums Leben gekommen waren. Dann sprachen sie über die Soldatenkleider, die Wooden Leg trug. Die Großmutter meinte, sie ständen ihm gut. Ihm kam das auch so vor, obwohl ihm weder der Rock noch die Hose paßte. An Armen und Beinen waren sie zu kurz. Die alte Frau nahm den Skalp an und ging in ihre Hütte.

Wooden Leg ließ die Flasche unter seinen Freunden umgehen. Jeder trank davon, bis nichts mehr da war. Die zweite Flasche schenkte er Little Hawk. Er trank die ganze Flasche Whisky aus. Sehr bald wurde es ihm schlecht, und er gab alles von sich, was er im Magen hatte.

15. Überleben

Ungefähr vier und eine halbe Meile von dem „Schweinerücken", auf dem die letzten Männer um Custer kämpften
und starben, entfernt, hatte Reno in einem flachen, mulden-
förmigen Hochtal Stellung bezogen. Sein Lager war von
einem hufeisenförmigen Hügel umgeben, offen gegen den
Fluß hin, wo die Böschung steil hundert Meter tief abfiel.

In der anderen Richtung blickte man auf ein Bachbett,
durch das der Major die Überlebenden seines Verbandes vom
Little Bighorn aus heraufgeführt hatte. Die Kämme dieser
Schlucht lagen höher als Renos Standort. Von dort her be-
schossen einzelne indianische Scharfschützen immer noch
sein Lager. Seine Unterführer hatten aus eigener Initiative
ihre Männer im Halbkreis eine Schützenkette beziehen lassen, als Deckung vor sich den Sattelpack, die Verwundeten
und die Pferde rückwärts in einiger Entfernung von diesem
Sperr-Riegel.

Reno selbst, das Halstuch um den Kopf und mit ein-
getrocknetem Blut im Gesicht, war immer noch so erregt,
daß von ihm keine bedachten Befehle zu erwarten waren.

Die Nerven dieses Mannes, der im Bürgerkrieg wegen
besonderer Tapferkeit im Gefecht von Cedar Creek im
Tagesbefehl der Armee mit einer lobenden Erwähnung bedacht worden war, erwiesen sich den Tücken des Indianer-
kampfes nicht gewachsen.

Die Indianer hielten die Belagerten mit vereinzelten
Schüssen hin, ohne größere, konzentrierte Angriffe vorzutragen.

Die Soldaten machten sich Gedanken über den gedämpft
aus der Ferne herüberdringenden Kampflärm. Sie hatten
Hunderte von Kriegern stromabwärts davonreiten sehen.

Viele der jüngeren Offiziere waren der Ansicht, Custer selbst sei in Schwierigkeiten geraten und es müsse sofort etwas unternommen werden. Aber Reno wollte davon nichts wissen. Er verschanzte sich hinter Custers Befehlen. In Wahrheit saß ihm der Schock des so unrühmlich verlaufenen Angriffs gegen das Dorf noch zu sehr in den Knochen. Hier war man in Sicherheit. An Ausflüge war erst zu denken, sobald der Packzug unter McDougal heran war und man neue Munition hatte fassen können.

Im Augenblick schienen ihn die Toten mehr zu bekümmern als die Lebenden. Er versuchte mit einem Trupp von zwölf Männern zum Fluß abzusteigen, um die Leiche des Leutnants Hodgson zu begraben. Man entdeckte dabei auch den toten Dr. de Wolfe, aber sofort wurde das Störfeuer der indianischen Heckenschützen so lebhaft, daß man wieder umkehren mußte.

Wieder in seiner Stellung, sah Reno, daß der Packzug immer noch nicht gekommen war. Er schickte Leutnant Hare aus, um auf Beeilung zu dringen. Eine Gruppe unter Leutnant Varnum machte einen zweiten Versuch, Hodgsons Leichnam zu erreichen, und stieß dabei auf den Scout Herendeen, der eine kleine Gruppe von Überlebenden aus dem Wäldchen hergeführt hatte. Die Tatsache, daß diese Abteilung sich ohne Verluste bis zu Renos Hügel hatte durchschlagen können, bestärkte die jüngeren Offiziere in ihrer Vermutung, daß die Masse der Indianer zu einem anderen Kampfplatz abgerückt war. Captain Weir, der die D-Kompanie führte, verlangte, mit seiner Truppe ausreiten zu dürfen, um nach Custer zu suchen. Weir war seit den Tagen von Washita ein Bewunderer Custers. Er war nicht bereit, hier untätig zu warten. Custer hatte ihm immer vertraut, er hatte Weirs Beförderung durchgesetzt. Weir war davon überzeugt, daß Custer jetzt dringend Hilfe brauche.

Reno lehnte ab. Weir ritt auf eigene Faust los, begleitet von seiner Ordonnanz. Sie hielten sich auf der Höhe der Uferklippen und gelangten etwa 1½ Meilen nach Norden.

Oberleutnant Edgerly hörte, daß der Captain ausgeritten war, und folgte mit der D-Kompanie seinem Vorgesetzten. Diese Männer hielten sich in einem Tal, das parallel zum Steilufer mit seinen Klippen verlief.

Von seinem erhöhten Standort aus konnte Weir bis zum „Schweinerücken" hinüberschauen. Der auffällige große Höhenzug war in eine Wolke aus Rauch und Staub gehüllt. Manchmal brachen dort geisterhaft anmutende Reiter hervor und gaben Schüsse ab. Weir erkannte auch, daß schon wieder größere Gruppen der Indianer von dort abzogen und stromaufwärts ritten. Seine Kompanie unten im Tal mußte nach geraumer Zeit mit dieser ihr zahlenmäßig weit überlegenen Streitmacht zusammenstoßen.

Weir wies Edgerly durch ein Signal an, er solle mit seinen Leuten herauf auf die Klippen kommen. Von der Höhe aus war man den Indianern überlegen, falls sie angriffen.

In Renos Lager waren unterdessen Leutnant Hare und vier Abteilungen des Packzuges angekommen. Sie trieben mit Munition beladene Maultiere vor sich her. Hare wurde Weir mit der Nachricht nachgeschickt, das gesamte Kommando Reno werde folgen, sobald die restlichen Lasttiere eingetroffen seien.

Benteen, der nach erfolglosem Erkundungsritt im Süden zum Lastzug gestoßen war und dem der Trompeter Martini Custers Botschaft übermittelt hatte, drängte zur Eile. Er ließ die Kompanien H, K und M aufsitzen und folgte mit ihnen der Spur Weirs. Allmählich setzten sich auch die übrigen Kompanien in Marsch. Es ging langsam voran. Viele Soldaten hatten ihre Pferde verloren. Auch mußten die Verwundeten in Decken mitgeschleppt werden. Tragbahren waren nicht vorhanden.

Bis heute ist unklar, warum der Vormarsch nach geraumer Zeit wieder gestoppt wurde. Kaum hatte man jedenfalls den Punkt erreicht, von dem aus Weir auf den „Schweinerücken" hinüber geblickt hatte, da kam der Befehl, umzukehren und wieder die Verteidigungsstellung im Hochtal zu beziehen.

Über die Verantwortung für diesen Befehl ist später viel gestritten worden.

Der Rückzug verlief diesmal ruhig und geregelt. Die Kompanien M, D und K gingen aus dem Sattel und bildeten entlang der Route Schützennester, um mögliche Überfälle der Indianer abzuwehren. Ohne größere Verluste befanden sich gegen sieben Uhr abends am 25. Juni die Abteilungen Reno, Benteen und McDougal wieder in der Ausgangsstellung. Das Kommando zählte nun, einschließlich der beim Packzug beschäftigten Zivilisten und der verwundeten Soldaten, 350 Mann.

Benteen, sonst immer zänkisch, mürrisch und Intrigen spinnend, zeigte sich an diesem Abend und am folgenden Tag von einer ganz anderen Seite. Während Reno den Eindruck eines kopflosen Zauderers machte, bewies Benteen Mut und Entschlossenheit.

Er sorgte dafür, daß die Schützenlöcher tiefer gegraben wurden — eine schwere Arbeit, denn die Reiter hatten keine Spaten bei sich und mußten den harten, trockenen Boden mit Messern und Bajonetten aufkratzen.

Die Kavalleristen, die die ganze letzte Nacht und den Tag davor im Sattel gesessen hatten, waren der Erschöpfung nahe. Manchem fielen bei der Schanzarbeit die Augen zu. Benteen inspizierte ständig die Posten und kümmerte sich darum, daß sie munter blieben.

Viele der Soldaten nickten resigniert, als sie die Feuer im Lager der Indianer aufzucken sahen, an denen die roten Krieger ihren Sieg feierten. Heute hatten sie vielen ihrer Kameraden den Skalp genommen, morgen würden die Indianer über sie herfallen.

Die Soldaten kritisierten und beschimpften Custer. Hatte er das Kommando im Stich gelassen? Ausgeschlossen schien das nicht. „Denkt daran, Leute, wie es Elliott am Washita ergangen ist", sagte jemand. Und Leutnant Godfrey, der die Runde machte, hörte andere Männer murren: „Was, zum Teufel, ist Custer an uns gelegen. Du kannst sicher sein, der läßt sich's gut gehen. Der ist irgendwo, wo es Gras und Wasser gibt."

Später an diesem Abend hörte Leutnant Godfrey einen unglaublichen Vorschlag. Reno rief die Offiziere zusammen und erklärte, die einzige Möglichkeit, das gesamte Kommando vor einem Massaker am nächsten Tag zu retten, bestehe darin, sich in der Dunkelheit davonzuschleichen.

Reno war in einem Zustand, in dem er nur noch daran dachte, seinen eigenen Kopf zu retten. Benteen war zu lange Soldat, um — Todesgefahr hin oder her — ein solches Verhalten gutzuheißen. Er erwiderte nur: „Die Armee der Vereinigten Staaten mag im Bürgerkrieg ihre Verwundeten dem Feind überlassen haben. Sie wird sie aber nicht aufgebrachten Wilden überlassen."

Beschämt senkte Reno sein kantiges Kinn.

Aus dem Schweigen in der Runde sprach, daß er mit seinen Fluchtplänen allein stand.

Während der Nacht schleppten sich insgesamt dreizehn Männer in das Lager auf dem Hochtal. Es waren alles Scouts und Soldaten, die im Wäldchen am Fluß zurückgeblieben waren, weil sie Renos Kommando zum Rückzug nicht gehört hatten.

Auch die drei Crow-Scouts Goes Ahead, Hairy Mocassin und White-Man-Runs-Him kamen in die Stellung. Was sie gehört und mit angesehen hatten, war auch nicht dazu angetan, die Moral des Kommandos, das am nächsten Tag würde um das Überleben kämpfen müssen, aufzubessern.

Noch eine Schwierigkeit gab es. Von Stunde zu Stunde fanden die Soldaten in ihrer Stellung den Durst immer unerträglicher. In kleinen Gruppen ließen sie sich über die Klippen herunter und versuchten das Flußufer zu erreichen.

Ein Indianer schoß auf einen Soldaten gerade in dem Augenblick, als der sich mit dem Eimer, mit dem er Wasser geschöpft hatte, aufrichtete. Der Soldat stürzte kopfüber in den Fluß. Der Indianer watete heran, schlug ihm mit dem Bogen auf den Kopf, bis er tot war. Dann schleppte er die

Leiche flußabwärts ans Ufer. In den Taschen des Toten fand er grüne Scheine (Dollarnoten) und ein paar Münzen. Die Münzen behielt er, die Scheine warf er fort.

Oben in der Stellung trieben sich die drei Krähen-Scouts bei den Maultieren herum. Nur Half Yellow Face und der verwundete White Swan lagen mit bei den Verteidigern in den Schützengräben.

Die Crows meinten, es sei lächerlich, bei der zunehmenden Dunkelheit auf einen unsichtbaren Feind zu schießen. Schließlich gab ihnen Captain Benteen gute Soldaten-gewehre, weil man bei einem Anrennen der Sioux jeden Schützen brauchen würde. Aber die drei Crows hatten andere Pläne.

„Wir sollten machen, daß wir fortkommen, ehe die Sioux angreifen", sagte White-Man-Runs-Him, obwohl kaum Gefahr bestand, daß die Sioux vor Morgengrauen versuchen würden, die Stellung einzunehmen. Er wußte, daß alle Indianer der Großen Ebenen Nachtangriffe scheuten, weil Gefallene nachts unerkannt in das Große Geheimnis eingingen.

White-Man-Runs-Him stand auf und nickte zustimmend. Auch die beiden anderen Crows folgten.

„Wo wollt ihr denn hin?" fragte einer von den Begleitern des Packzuges.

White-Man-Runs-Him antwortete in Zeichensprache: „Wir gehen Wasser holen."

Der Mann vom Packzug händigte darauf prompt jedem der Indianer eine Feldflasche aus und bat sie, ihm etwas von dem kostbaren Naß mitzubringen.

Ohne noch etwas zu sagen, verließen die Crows das Lager. Aber statt zum Fluß hinabzusteigen, warfen sie die Feld-flaschen fort und stahlen sich über den Ash Creek hinauf zum Gebirge, das die Wasserscheide zwischen dem Rosebud und dem Little Bighorn bildete. Dort oben hielten sechs Sioux Wache. Im Dorf wollte man sichergehen, nicht von nachfolgenden Truppen überrascht zu werden. Einer der Sioux-Scouts war ein Stück hinter seinen Kameraden zurückgeblieben. Er ritt ein graues Pferd und führte ein Maultier bei sich, das wahrscheinlich dem Packzug entlaufen war. Goes-Ahead schlug den Sioux nieder. Das Maultier entwischte, aber das Pferd bekam der Crow zu fassen. Er gab es Withe-Man-Runs-Him und beugte sich dann über den toten Sioux, um ihn zu skalpieren. Die Crows ritten abwechselnd auf dem Pferd, bis sie die Pinienbäume erreichten, die auf dem Kamm des Gebirges stehen. Von dort aus schlugen sie einen großen Bogen nach Nordwesten und kamen weit vom Lager der Sioux und Cheyennes entfernt wieder zum Little Bighorn River. Sie überquerten den Fluß und erreichten spät in der Nacht das Dorf der Crows am Arrow Creek.

Nur wenige der Indianer im großen Lager am Big Horn River schliefen. In allen Quartieren herrschte ungewöhnlicher Umtrieb und Geschäftigkeit. Alte Männer ritten umher und sangen alte Kampflieder. Wenn sie einen Krieger trafen, riefen sie ihm zu: „Nur weiter so, viel Mut. Nur weiter so!"

Im Zeltkreis der Oglala taten die Fox-Krieger als Lagerpolizei Dienst. Auch sie zogen singend umher:

Ich bin ein Fuchs.
Es ist mein Schicksal, in den Tod zu gehen.
Wenn es eine schwierige Aufgabe gibt,
wenn es etwas Gefährliches gibt,
ist es an mir, es zu tun.

Flammen loderten hoch. Alle Familien, die in der Schlacht einen Angehörigen verloren hatten, verbrannten ihre Zelte, in die man die toten Krieger gebettet hatte. Die ganze Nacht hindurch hielt das Wehklagen der Frauen an.

Einige Indianer, die das Leben auf der Agentur kennengelernt hatten, betranken sich mit dem Whisky, der sich in den erbeuteten Feldflaschen der weißen

Soldaten gefunden hatte, und schickten Salven von Gewehrschüssen zu den Sternen.

Schüsse waren auch aus der Ferne zu hören, wo ein ständiger Belagerungsring die Soldaten auf der Klippe umgab. Die Indianer konnten nicht hoffen, jemanden zu treffen, nachdem es dunkel geworden war, trotzdem gaben sie noch lange nach Sonnenuntergang Schüsse ab, um die Soldaten einzuschüchtern. Die ganze Nacht über herrschte in der Umgebung des kleinen Hochtals ein reges Kommen und Gehen. Die Indianer lösten ihre Wachen häufig ab.

Im Gegensatz zu dem, was sich Renos Soldaten vorstellten, wurden nirgendwo im Dorf in dieser Nacht Siegestänze abgehalten, denn der Sieg der Soldaten durfte nicht feierlich begangen werden, ehe nicht alle Trauernden dazu ihre Einwilligung gegeben hatten. Dies geschah gewöhnlich erst nach vier Tagen. Trotzdem kam es hier und dort zu Triumphausbrüchen. Immer wieder sagten die Leute, so als könnten sie es selbst nicht fassen: „Wir haben sie alle getötet!"

Einmal, während der Dunkelheit, zuckten Angst und Schrecken durch das Lager.

„Soldaten kommen", rief jemand.

Die Leute, die aus ihren Zelten schauten, sahen tatsächlich Truppen in Uniform durch das Dorf marschieren. Ein Hornsignal ertönte. Gerenne begann. Jeder wollte sich Hals über Kopf retten. Die Frauen kreischten, die alten Männer riefen den Kriegern gute Ratschläge zu. Dann sah jemand näher hin und die Angst schlug in haltloses Gelächter um. Die Männer in Uniform waren Indianer. Junge Krieger hatten die erbeuteten Uniformen angezogen und sich einen Spaß erlaubt. Aber Schlaf fand danach kaum jemand mehr. Viele Leute schalten die Jungen. Der Spaß hatte sie an etwas erinnert, was unabwendbar kommen mußte: die Rache des Weißen Mannes.

Im Morgengrauen griffen die Indianer wie erwartet Renos Stellungen an. Die Kavalleriepferde konnten hinter eilig errichteten Barrikaden nicht hinreichend geschützt werden. Viele wurden erschossen, Gelegentlich krochen die Indianer so nahe heran, daß sie einzelne Soldaten aus dem Verteidigungsring rissen und verschleppten.

Einmal mehr bewies vor allem Benteen Umsicht und Mut. Zu Fuß machte er einen Ausfall und vertrieb jene Scharfschützen auf den höheren Hängen, die den Männern im Lager am gefährlichsten wurden. Als die Sonne am Himmel höher stieg, wurden Hitze und Durst in dem schutzlos unter den sengenden Strahlen daliegenden Hochtal zu fast noch ärgeren Feinden als die Indianer. Die Kehlen der Männer waren ausgedörrt. Ein Soldat wurde wahnsinnig. Zuerst versuchte er seinen eigenen Urin zu trinken, dann brach er aus der Schützenlinie aus und rannte auf die Stellungen des Feindes zu. Nach wenigen Schritten brach er, von Pfeilen getroffen, tot zusammen.

Keiner der Offiziere brachte es über sich, einen bestimmten Soldaten mit einem Wassereimer in den sicheren Tod zu schicken. Schließlich fand sich doch eine Gruppe Freiwilliger, die bereit waren, zu einem kleinen Rinnsal im Bachbett zu rennen. Einige schafften es. Ein Indianer berichtete später von einem Soldaten, der nur noch mit seinem Unterzeug bekleidet war und an dem Rinnsal auftauchte. Gierig trank er sich voll. Die Einschläge in seiner Nähe spritzten ihm Wasser ins Gesicht. Er kümmerte sich nicht darum, sondern trank und trank. Unverletzt kam er zu Renos Stellungen zurück.

Beide Seiten besaßen Munition in Hülle und Fülle. Reno hatte mit dem Packzug 24 000 Schuß erhalten, die Indianer hatten bei den toten Soldaten etwa 10 000 Schuß erbeutet. Aber das Anrennen gegen eine Stellung war eine Kampfweise, die den Sioux wenig lag. Gegen zehn am Morgen stürmten Krieger von dem steilen, gegen den Fluß hin gelegenen Südhang aus. Ohne irgendwelche Deckung mußten sie den Angriff vortragen. Der Sansarc-Indianer Long Rope kam nahe genug heran, um einem Soldaten seine Kriegskeule auf den Kopf zu hauen. Aber als er zurückpreschte, wurde er von Renos Männern erschossen.

Hätten die Indianer einen zusammenhängenden Angriff von allen Seiten her vorgetragen, so wäre bestimmt auch die gesamte Gruppe Reno tot auf dem Kampfplatz geblieben. Die Belagerten konnten sich weder irgendwohin zurückziehen, noch hätte eine Flucht Aussicht auf Erfolg gehabt. Reno, Benteen und die anderen Überlebenden des Regiments verdankten ihre Rettung Sitting Bull, der gegen Mittag eintraf. Er befahl den Kriegern, das Feuer einzustellen.

„Henala! Genug!" rief er. „Diese Soldaten wollen leben. Laßt sie leben. Laßt sie gehen. Wenn wir sie auch noch töten, wird nur eine noch größere Armee gegen uns marschieren."

Knife Chief, ein Oglala, teilte Sitting Bulls Befehl den Anführern mit. Während er die Kampflinie entlang rannte, traf ihn ein Schuß. Ein Soldat hatte sich aus einem der Schützenlöcher aufgerichtet, um genau zielen zu können. Mit dem Verwundeten zogen die Krieger zurück ins Dorf. Durstig, müde und zerschlagen waren sie froh, nun etwas Ruhe zu finden. Die Schlacht vom Little Bighorn River war zu Ende.

Die Soldaten Renos fürchteten zunächst eine Falle, als das Feuer vom Gegner erst abflaute und schließlich ganz aufhörte. Sie blieben auf ihren Posten.

Am Nachmittag zeigten große schwarze Wolken, die über die Flußsenke trieben, an, daß die Indianer das Präriegras abbrannten.

Kurz darauf schlugen sie ihre Zelte zusammen und packten sie auf Gestelle, die die Pferde während der Reise dann hinter sich herziehen würden.

Ein gewaltiger Zug von Männern, Frauen, Kindern, Hunden und Pferden setzte sich in Richtung auf das Big Horn Gebirge in Bewegung. Die ganze Prozession, die dicht aufgeschlossen dahinritt, nahm eine halbe Meile in der Breite ein und war drei Meilen lang. Renos Männer schickten ihr Freudenrufe nach.

Bei Sonnenuntergang trieben die Soldaten alle Pferde und Maultiere, die sich noch auf den Beinen halten konnten, hinunter zum Fluß. Sie wurden getränkt und durften weiden. Seit zwei Tagen erhielten die Männer die erste warme Mahlzeit. Jetzt hatte man auch Zeit, sich sorgfältig um die Verwundeten zu kümmern.

Gegen Abend schleppten sich der Scout Billy Jackson und der Dolmetscher Girard ins Lager. Später folgten noch der Soldat Thomas O'Neil und Leutnant De Ruddio. Diese Männer hatten 30 Stunden im Wald versteckt gelegen. Sie waren in ein dichtes Gestrüpp nicht weit vom Lagerkreis der Unkpapas gekrochen und hatten dort die Schreie sterbender Kameraden mitangehört, die verwundet auf dem Schlachtfeld liegengeblieben waren und später von Indianerfrauen mit Äxten und Messern getötet wurden.

Von stromabwärts her hatten sie auch den Gefechtslärm auf dem „Schweinerücken" wahrgenommen und Horntöne gehört, die bewiesen, daß das Instrument von jemandem benutzt wurde, der es nicht richtig zu spielen verstand.

De Ruddio berichtete von einem gespenstischen Vorfall.

Gegen Tagesanbruch, am Montagmorgen, hatte er einen Trupp Reiter auf grauen Pferden gesehen, die am Ufer des Little Bighorn entlangritten. Der Anführer war eine in Buckskins gekleidete Gestalt mit einem großen weißen Hut.

De Ruddio hielt die Männer für eine Abteilung der Kavallerie unter Tom Custer. Glücklich sprang er aus seinem Versteck und brüllte ihnen über den Fluß eine freudige Begrüßung zu. Die Antwort waren Schüsse. Sofort warf er sich wieder ins hohe Gras. Glücklicherweise schienen die Indianer auf den grauen Kavalleriepferden und mit den in der Schlacht erbeuteten Kleidern auf dem Leib wichtigeres zu tun zu haben, als Jagd auf ihn zu machen.

Am Morgen des nächsten Tages, am 27. Juni, sahen die

Soldaten in Renos Lager von Norden her sich eine große Staubwolke durch die gewellte Prärie wälzen. Nicht lange darauf ritt ein Scout aus der Abteilung Gibbon auf ihre Barrikade zu. Er berichtete von Custers Tod. Die Männer der 7. Kavallerie wollten ihm nicht glauben.

Etwa eine Stunde zuvor hatte Leutnant James H. Bradley, der Kommandant von Gibbons Scouts, das entdeckt, was von Custers fünf Kompanien übriggeblieben war. Als er am Ostufer des Little Bighorn entlangritt, sah er ein totes Pferd und wollte es genauer betrachten. Weiße Gegenstände an einem Hügel nahmen dann seine Aufmerksamkeit gefangen. Was war das? Er ritt näher und erkannte, daß dort in dem rötlich-braunen Gras die ihrer Kleider beraubten Leichen von mehr als 250 Männern lagen — weiß die Haut, außer der Bräune an Gesichtern und Händen. Einige der Toten trugen blutdurchtränkte Unterhemden, einige hatten auch noch Hosen und Socken an. Die meisten aber waren von den Squaws fast völlig ausgeplündert worden. Nur ganz wenige der Leichen wiesen Verstümmelungen auf. Mark Kellog lag tot da in seinen Zivilkleidern, aber jede Nachricht für seine Zeitung — sofern er überhaupt noch dazu gekommen war, etwas zu schreiben — fehlte.

Leutnant Bradley allein konnte die Toten nicht identifizieren. Also rief er Offiziere von Renos Kommando zu Hilfe.

Calhouns Leiche wurde hinter denen einer ganzen Reihe seiner Männer gefunden. Sie waren in Kampfformation ausgeschwärmt und gefallen. Tom Custer lag schrecklich entstellt auf seinem Gesicht. Er war mehrmals skalpiert worden. Man hatte ihm den Schädel eingeschlagen. Der Körper war gespickt mit Pfeilen. Keogh konnte an dem Kruzifix, das er um den Hals trug, identifiziert werden. Sein dichtes schwarzes Haar hatten die Indianer unberührt gelassen. Sein verwundetes Pferd war das einzige noch lebende Wesen am Platz des Kampfes.

Armstrong Custers entkleideten Körper fand man auf dem höchsten Punkt des Hügels. Er saß zwischen zwei toten

Soldaten. Sein Arm ruhte auf der oberen der beiden Leichen. Den Kopf hatte er in die Hand gestützt.

Zwei kleine Wunden entdeckte man an Custers Körper: einen Einschuß in der linken Brust, einen zweiten an der linken Schläfe. Es gab keine Pulverspuren, noch Zeichen dafür, daß ein Handgemenge stattgefunden hatte.

Das Letzte, was Custer zu Gesicht bekam, ehe er starb, müssen die weitauslaufenden Ebenen mit den blaßweißen Schneefeldern auf den Bergen in der Ferne gewesen sein.

16. Nachspiele

Als die Heeresabteilung unter Terry und Gibbon das Tal des Little Bighorn River erreichte — die Verspätung von einem halben Tag gegenüber dem beim Treffen der Offiziere am Yellowstone verabredeten Zeitpunkt erklärt sich daraus, daß sich bei dieser Gruppe auch größere Infanterieverbände befanden —, war das große Lager der Indianer verschwunden. Nur wenige Tipis bezeichneten noch die Stelle, an der es gestanden hatte. Es waren dies die Zelte jener Familien, die bei der Schlacht Angehörige verloren hatten und der Sitte gemäß dort alles zurückließen, was sie besaßen.

In der Nacht hielt die große Karawane der Sioux und Cheyennes, die Renos Männer von ihrem Lager aus beobachtet hatten, nur für ein paar Stunden. Man schlug keine Zelte auf. Am nächsten Tag ging es weiter das Tal des Little Bighorn hinauf. Erst am folgenden Nachmittag, zwei Meilen unterhalb der Einmündung des Lodge Grass Creek, im Schatten der Big Horn Mountains, wurde Halt gemacht.

Hier hielten die Indianer einen großen Siegestanz ab.

Von allen Sioux und Cheyennes konnte keiner so viele Erfolge in der Schlacht vorweisen wie White Bull. Er hatte sechs Männer aus dem Sattel geworfen, zwei Soldaten getötet und zwölf Pferde erbeutet. Er war am Fußknöchel verwundet worden. Sein Vater, Makes Room, der zwei Paar erbeutete Soldatenhosen von seinem Sohn geschenkt bekommen hatte, verfaßte für den Tanz ein Ehrenlied, in dem es hieß:

Weißer Büffel, wo immer etwas geschieht,
du bist immer dabei.
Du kämpfst stets in vorderster Reihe.
Darum bin ich stolz auf dich!

Für die Sioux und Cheyennes war es die letzte Feier dieser Art für viele Jahre. Die Stämme bekamen sehr bald zu spüren, was Sitting Bull immer, wenn es während und nach der Schlacht zu Ausschreitungen gekommen war, warnend vorhergesagt hatte. Ihr Triumph über Custer mußte um so härtere Racheaktionen des Weißen Mannes nach sich ziehen.

Durch Rauchsignale und die anderen Nachrichtenmittel der Prärie hörten sie aus den Agenturen, daß die aufgebrachte Regierung umfangreiche militärische Aktionen gegen sie vorbereitete. Einen Sommer lang voller Unbehagen folgten die Freien Indianer den Büffelherden und trockneten Fleisch für die Tage des Elends in den Reservationen, die kommen mußten. Ständig auf dem Sprung, entgingen sie immer nur mit knapper Not den Soldaten, die auf sie Jagd machten.

Anfang September traf sie der erste Vergeltungsschlag bei Slim Buttes im Dakota-Territorium. Eine größere Gruppe von Oglalas, Brules und Minneconjous, die sich in der Reservation hatte stellen wollen, wurde im Morgengrauen überraschend angegriffen. Diesmal ihrerseits hoffnungslos in der Minderzahl, wurde ihnen von den Soldaten unter ihrem alten Widersacher Gray Fox Crook eine schwere Niederlage beigebracht. In dem gestürmten Lager fanden die Soldaten drei Pferde der 7. Kavallerie, eine Standarte der I-Kompanie und Captain Myles Keoghs Reiterhandschuhe — für General Crook Beweise genug, daß die gezüchtigten Indianer am Little Bighorn dabei gewesen waren. Im November überfiel Oberst McKenzie das Dorf von Dull Knife am Willow Creek in Montana. Diesmal traf das Strafgericht Unschuldige. Aber der US-Armee war das recht. Die Cheyennes sollten spüren, daß ihr starker Arm noch überall hinreichte.

Immer noch nur ein Unterhäuptling der Fox-Kriegergesellschaft, ergab sich Two Moon kleinlaut den Militärbehörden und wurde über Nacht — wenigstens in den Augen der Regierung — der Oberhäuptling der Nördlichen Cheyennes.

Little Wolfe und Dull Knife mit ihren Stammesgruppen wurden in eine Agentur im Indianer-Territorium im Süden deportiert. Drei Jahre später, bedroht von der Gefahr des Aussterbens durch Krankheit und Hunger, kämpften sich die tapferen Nördlichen Cheyennes über 1500 Meilen nach Norden durch. Jetzt endlich wurde ihnen das Recht zugesprochen, unbehelligt in ihrer alten Heimat zu leben.

Gegen Ende des Jahres 1876 nahm der Weiße Mann Rache an den Sioux.

In der Standing Rock Agentur wurde der Blackfeet-Sioux Kill Eagle, den Sitting Bull überredet hatte, am Little Bighorn zu bleiben, ins Gefängnis geworfen. Gall und Crow King, immer noch die wichtigsten Kriegshäuptlinge der Unkpapas, wurde Amnestie gewährt. White Bull zwang man, all seine Waffen und Pferde an die Armee der Cheyenne River Agentur abzuliefern.

Crazy Horse' Lage wurde immer aussichtsloser. Ihn verfolgte ein Armeeverband unter General Miles. Die Munition wurde knapp, die Indianer waren für einen Winterfeldzug schlecht ausgerüstet, Frauen und Kinder waren dabei, aber immer wieder zog Crazy Horse seinen Kopf aus den Schlingen, die Miles ihm legte. Im Januar 1877 war es so weit.

Der General hatte zwei Regimenter Infanterie und eine Anzahl von Mörsern unter Zeltstangen und Segeltuchbahnen versteckt, so daß es aussah, als handele es sich um Wagen. Am 3. Januar gab es ein heftiges Gefecht mit einer Gruppe der Sioux. Zwei Tage später wurden die Indianer abermals gestellt. Crazy Horse' Leute waren müde. Sie konnten nicht mehr weiter.

Am Morgen des 7. Januar fingen Miles' Crow-Scouts eine kleine Gruppe von Cheyennes-Frauen mit ihren Kindern. Es waren zwar keine Sioux, aber Crazy Horse kam zurück, um ihnen zu helfen. Mit einem verzweifelten Angriff versuchte er die Gefangenen zurückzuholen. Aber Miles erkannte: Dieser ungewöhnliche nächtliche Überfall war noch nicht alles, was auf ihn zukam.

Zeitig am Morgen, während die Soldaten unter dem Wolf-Gebirge ihr Frühstück verzehrten, begann die Schlacht. Die Sioux erschienen auf den Klippen. Das Knattern von Gewehrfeuer fuhr durch die Luft. Kampfrufe der Indianer gellten. Es sah nicht gut für die Soldaten aus. Aber Miles hatte eine Trumpfkarte in der Hand. Die Zeltbahnen von den beiden Geschützen wurden abgerissen, und durch die frostige Morgenluft donnerten die Geschosse und schlugen in die Stellungen der Indianer ein. Bei den ersten Detonationen suchten die Sioux hinter den Felsen Deckung. Geschützfeuer fürchteten sie. Es bedurfte vieler Worte von Crazy Horse, damit seine Männer überhaupt weiter ins Tal hinab schossen.

Etwas später am Morgen erhielt Major Casey den Befehl, einen Angriff gegen eine hohe Klippe vorzutragen, die von fünfzig Sioux erstiegen worden war. Über eine Schneehalde mühte er sich mit seinen Männern aufwärts. Big Crow, ein berühmter Krieger von großem Mut, befehligte dort die Indianer. Während des Angriffs rannte er, obwohl seine Federhaube für jeden Gewehrschützen eine Zielscheibe bot, vor der Frontlinie hin und her, um das Feuer der Soldaten auf sich zu ziehen und seine Leute zu ermutigen. Lange Zeit blieb er unverletzt. Aber dann brach er zusammen. Die Sioux zogen sich zurück, und die Soldaten nahmen die Klippe ein. Unterdessen wuchs die Bestürzung der Indianer über das Geschützfeuer. Außerdem hatten sie kaum noch Munition. Als ein Schneesturm aufkam, der den Kanonieren der Weißen die Sicht nahm, zog Crazy Horse mit seinen Leuten ab.

Miles jagte die Indianer noch bis Ende April. Schließlich waren die meisten Pferde der Sioux erfroren. Da gab Crazy Horse auf; entmutigt führte er 2000 seiner Anhänger zur Red Cloud Agentur und ergab sich. Der Tag der Kapitulation war der bitterste in Crazy Horse' Leben. In den folgenden Monaten streuten seine Feinde Gerüchte aus, er plante wieder einen Aufstand. Das Militär ließ ihn mißtrauisch beobachten. Es ist sehr unwahrscheinlich, daß Crazy Horse tatsächlich vorhatte, wieder auf den Kriegspfad zu gehen. Er hatte erst kapituliert, als es ihm unmöglich geworden war, weiterzukämpfen, und er wußte nur zu gut, daß er nun noch schlechter ausgerüstet hätte ins Feld ziehen müssen.

Crazy Horse gab nie seinen Groll gegen die weißen Männer auf. Er hatte nur die Sinnlosigkeit eines weiteren Widerstandes eingesehen. Ständig beobachtet und bespitzelt, versuchte er, sich mit seiner Lage als Gefangener in der Reservation so gut abzufinden, wie es eben ging.

Er war immer noch ein junger Mann. Seine erste Frau war gestorben, und er verliebte sich in die Tochter eines Halbblutdolmetschers, Louis Richard, der auf der Agentur tätig war. Das Mädchen erwiderte die Liebe des berühmten Kriegers, und trotz des Widerstands des Vaters heirateten die beiden. Für einige Monate lebte Crazy Horse friedlich und augenscheinlich glücklich mit seiner jungen Frau. Dann erkrankte sie und wurde immer schwächer.

Gerüchte kamen auf, daß Crazy Horse plane, General Crook zu ermorden.

„Nur Feiglinge werden zu Mördern", sagte der Häuptling verächtlich und ging über die Sache hinweg. Aber der Indianeragent J. M. Lee nahm solches Gerede ernst. In dieser kritischen Situation ergab sich, hervorgerufen durch den Dolmetscher Frank Grouard, ein Mißverständnis, das böse Folgen hatte.

Als der Krieg mit den Nez Percé Indianern ausbrach, berief Crook eine Ratsversammlung unter den Sioux ein, auf der er eine Gruppe Scouts für seinen Feldzug anwerben wollte. Auch Crazy Horse war eingeladen worden. Das Angebot des Generals erstaunte ihn. Aber nach Aussagen von Louis Bordeaux antwortete er nur: „Wir sind des Krieges müde. Wir sind hergekommen, um Frieden zu halten. Aber wenn uns der Große Vater um Hilfe bittet, werden wir in den Norden ziehen und kämpfen, bis alle Nez Percé Frieden halten."

Bordeaux war nicht der offizielle Dolmetscher. Grouard,

dem diese Aufgabe zufiel, übersetzte: „Wir werden in den Norden ziehen und kämpfen, bis kein weißer Mann mehr am Leben ist."

Ob dieser Fehler nun Zufall war oder Absicht, steht nicht fest. Jedenfalls brach während der Ratsversammlung ein Tumult los. Crazy Horse, der zunächst überhaupt nicht begriff, warum die weißen Männer über seine Antwort so aufgebracht reagierten, stand auf und verließ das Zelt. Crook wurde auf den Übersetzungsfehler aufmerksam gemacht, aber bei ihm hatte sich der Eindruck festgesetzt, daß Crazy Horse erneut gegen die Weißen zu Felde ziehen wolle. Nichts konnte ihn vom Gegenteil überzeugen. Von diesem Tag an war Crazy Horse ein zum Sterben verurteilter Mann.

Der berühmte Oglala machte sich mehr und mehr Sorgen um seine junge Frau. Sie litt unter Tuberkulose. Dr. McGillicuddy, der auf der Spotted Tail Agentur stationiert war, besaß Crazy Horse' Vertrauen.

Als es seiner Frau immer schlechter ging, bat er um Erlaubnis, mit ihr diesen Arzt aufsuchen zu dürfen. Die Erlaubnis wurde ihm verweigert. Jemand riet ihm, sich wegen einer Revison dieses Bescheids an den Präsidenten der USA zu wenden.

„Der Große Vater kann mir gestohlen bleiben", antwortete Crazy Horse aufgebracht, „mein Vater ist bei mir, und für mich gibt es keinen Großen Vater zwischen mir und dem Höchsten Wesen."

Am Morgen des 4. September verließ er, trotz des Verbots, mit seiner kranken Frau und wenigen Gefährten die Red Cloud Agentur, um nach Spotted Tail zu reiten.

Wilde Aufregung entstand. Die Beamten auf der Agentur fürchteten Crazy Horse mehr als die ganze Sioux-Nation. Leutnant W. P. Clark in Fort Robinson erhielt die Nachricht, der Häuptling sei ausgebrochen. Das entsprach natürlich keineswegs den Tatsachen. Aber es geschah genau das, was gewisse weiße Männer sich wünschten.

Die Gruppe um Crazy Horse war langsam geritten wegen

der kranken Frau. Indianerpolizei holte sie ein und forderte sie auf, nach Red Cloud zurückzukehren. „Ich bin Crazy Horse! Wagt es nicht, mich anzurühren. Ich renne nicht fort!" rief der Häuptling.

Eingeschüchtert ließen die Scouts von ihm und seinen Leuten ab und gaben sich damit zufrieden, den Trupp nach Spotted Tail zu begleiten.

Dort versuchte Crazy Horse zu erklären, daß er lediglich gekommen sei, um mit seiner Frau den Arzt aufzusuchen. Aber der aufgehetzte Indianeragent wollte ihm nicht glauben. Crazy Horse war immer noch das Idol der jungen Leute. Der Agent fürchtete, Crazy Horse' Anwesenheit werde einen Aufstand auslösen. Er bestand darauf, daß der Häuptling die Spotted Tail Agentur sofort wieder verlassen müsse.

Der Häuptling war enttäuscht, als man ihm sagte, daß er auf der Stelle wieder nach Red Cloud zurück müsse, aber er war schließlich einverstanden. Er fügte allerdings hinzu, er befürchte, es werde ihm unterwegs etwas zustoßen.

Seine Ahnungen erwiesen sich als nur zu begründet. Pläne bestanden, um ihn einzusperren. Aus Furcht, er könne Widerstand leisten, forderten die Beamten ihn lediglich auf, ihnen zu folgen. Arglos betrat Crazy Horse das Wachlokal. Erst als er die Gitter der Zelle vor sich sah, begriff er, was mit ihm gespielt wurde.

Wie ein in die Enge getriebenes Tier sah er sich mit gesenktem Kopf um. Nirgends ein Fluchtweg. Sein Kriegsruf klang wie der Schrei eines Adlers. Plötzlich hielt er ein langes Messer in der Hand. Captain Kennington schlug auf ihn mit seinem Degen ein.

„Töten Sie ihn, töten . . .!" riefen die Scouts.

Ein Handgemenge entstand. Auf sich allein gestellt, kämpfte Crazy Horse wie ein Wolf. Mehrere Männer griffen ihn an. Little Big Man, einer seiner Freunde, versuchte ihn festzuhalten. Crazy Horse zerfetzte ihm die Haut am Arm bis auf den Knochen. Drei Brûles-Indianer, Anhänger von Spotted Tail, der ihn haßte und beneidete, hielten ihn schließlich an beiden Armen fest. Von hinten kam ein Soldat und rannte ihm sein Bajonett in die Seite. Grazy Horse brach zusammen. Alle Männer schrien auf. Selbst seine Feinde waren entsetzt über den feigen Mordanschlag. Aus dem nahegelegenen Lager ritten Hunderte von aufgebrachten Kriegern herbei. Nur mit Mühe konnten sie davon abgehalten werden, sich auf die Mörder von Crazy Horse zu stürzen.

Man legte den sterbenden Häuptling auf eine Theke. Er ergriff die Hand des Agenten Lee, der vergeblich gegen die Methoden des Militärs protestiert hatte. Nach Atem ringend, stieß Crazy Horse hervor: „Mein Freund, ich weiß, es war nicht deine Schuld." Kurz bevor das Ende kam, sagte Crazy Horse noch: „Ich war ein Feind der Weißen . . . wir zogen ein Leben als Jäger einem Leben voller Müßiggang und Langeweile auf der Reservation vor . . . manchmal hatten wir nicht genug zu essen, aber man erlaubte uns nicht, zu jagen. Alles, was wir wollten, war, daß man uns allein ließ. Soldaten . . . im Winter . . . unsere Dörfer zerstört. Langhaar kam . . . sie sagen, wir hätten seine Truppen hingeschlachtet . . . aber was hätte er wohl mit uns getan, wenn er am Leben geblieben wäre. Zuerst . . . ich habe gedacht . . . fliehen, nicht schon wieder kämpfen. Kampf, Kampf, immer nur Kampf. Aber wir waren eingekreist . . . was blieb uns anderes übrig, als zu kämpfen. Danach habe ich versucht, in Frieden zu leben . . . die Regierung ließ uns keine Ruhe . . . ich kam zur Red Cloud Agentur. Aber man ließ mich nicht in Frieden. Ich war es satt, immer kämpfen zu müssen . . . ich wollte nur . . . und dann kommt dieses Schwein und rennt mir sein Bajonett in den Leib. Ich habe gesprochen."

Ein paar Minuten später hörte man die unheimlichen Laute des Todesgesangs der Sioux. Crazy Horse, einer der beiden Ecktürme des indianischen Unabhängigkeitskampfes, war tot.

Dunkle Andeutungen wurden laut, alles sei ein abgekartetes Spiel gewesen, um Crazy Horse aus dem Weg zu räumen. Jahre später wurde bekannt, daß die Regierung geplant hatte, den Häuptling aus dem Wachlokal nach Dry Tortugas in Florida deportieren zu lassen.

Sein grauhaariger Vater bat die Soldaten, die Leiche freizugeben. Am Morgen des 6. September 1877 zogen der alte Mann und seine Frau mit einem Schleppgestell, auf dem der Tote festgebunden war, davon, um für ihn am Wounded Knee Creek einen nur ihnen bekannten Begräbnisplatz zu suchen. Seitdem hat diese Gegend für alle Sioux eine magische Bedeutung. Irgendwo dort liegt Crazy Horse' Herz.

Captain John G. Bourke, einer der amerikanischen Offiziere, der an den erbittertsten Kämpfen zwischen der Armee und dem großen Sioux teilgenommen hatte, urteilte über ihn:

„Crazy Horse war einer der großen Soldaten seiner Tage und seiner Generation. So wie das Grab Custers den höchsten Stand der Vorherrschaft der Sioux im Gebiet jenseits des Mississippi anzeigte, so markierte das Grab von Crazy Horse den tiefsten Punkt in der Geschichte dieser Nation."

Unterstützt von dem Weißen Mann hörigen Häuptlingen, die man mit billigem Whisky bestochen hatte, ließ sich der alte Red Cloud, einmal ein Eckpfeiler des Widerstandes gegen die Weißen, dazu bestimmen, sein Volk zu verkaufen.

Er übereignete die Heiligen Schwarzen Hügel dem Weißen Mann. Skrupellose Bodenspekulanten, die es auf die Bodenschätze abgesehen hatten, überredeten ihn zu einem Vertrag, zu dem es, wäre es nach Recht und Gesetz gegangen, der Zustimmung von Dreiviertel aller männlichen Sioux bedurft hätte.

Angeekelt vom Verhalten der Stammesführung, entschloß sich Sitting Bull, mit seinen Anhängern nach Kanada zu gehen, wo er eine Zufluchtsstätte zu finden hoffte.

Begleitet von One Bull und anderen Getreuen kam er Anfang des Jahres 1877 dort an und blieb vier Jahre im

Exil. Während dieser Zeit bemühte sich die US-Regierung mehrmals, ihn zur Heimkehr zu bewegen. Eigensinnig wie eh und je, widerstand der Sioux unzähligen Versuchen, ihn gefügig zu machen. Erst 1881 ergab er sich mit 87 Anhängern bei Fort Budford.

Aus der Verbannung in der Missouri-Agentur, wo er verbittert mit ansehen mußte, wie die Regierung sich weigerte, die Indianer menschenwürdig zu ernähren, rettete ihn schließlich das Angebot Bill Codys, besser bekannt als „Buffalo Bill", in dessen Wildwest-Show aufzutreten. Mit Rain-in-the-Face und anderen Kriegern, die am Little Bighorn mit dabei gewesen waren, wurde Sitting Bull wie eine Trophäe in den Hauptstädten der USA und Europas herumgezeigt.

Unterdessen hatten die weißen Jäger die letzten großen Büffelherden in den nördlichen Ebenen zur Strecke gebracht. Die großen Ranchs in Montana und Dakota hielten sich jetzt texanische Longhorn-Rinder; der Büffel verschwand völlig.

In den Jahren, da die USA zu einer mächtigen Industrienation aufwuchsen, vergaß man die Indianer mehr und mehr. Mit schäbigen Fleischrationen, die ihnen die Regierung wie Almosen zuwies, vegetierten die Stämme in den Reservationen dahin.

Im Winter des Jahres 1889 kam Unruhe auf unter den Sioux. Zum erstenmal seit Jahren sahen sie mit Hoffnung in die Zukunft. An den Mißständen in den Reservationen hatte sich nichts geändert. Viele der Indianeragenten waren Betrüger. Weiße Spitzbuben brachten es durch Diebstähle zu Vermögen. Niemand klagte sie an, niemand bestrafte sie. All dies dauerte nun schon fast ein Jahrzehnt. Aber ein seltsames religiöses Fieber hatte die Indianer ergriffen.

Weit im Westen, so hörten die Oglalas, sei ein indianischer Prophet aufgestanden. Die Nachricht verbreitete sich mit der Geschwindigkeit eines Steppenbrandes. Nicht nur die Sioux, fast alle Stämme des Westens wurden von der neuen Bewegung erfaßt.

Über Jahrzehnte hin hatten weiße Missionare den eher abweisenden Indianern die Botschaft des Evangeliums nahe zu bringen versucht. Von der Wiederkunft Christi war in den Predigten die Rede gewesen. Davon, daß dann die Armen getröstet, die Schwachen aufgerichtet und die Unterdrückten erhöht werden sollten. Die Toten würden auferstehen und alles Böse aus dieser Welt verschwinden.

In seltsamer Verwandlung machten sich die Indianer aus dieser Botschaft eine eigene Lehre.

Nacht für Nacht, Tag für Tag ertönte nun das dumpfe Grollen der Tom-toms in jedem Indianerdorf in Montana und Wyoming, Nebraska und den beiden Dakotas, in Texas und Oklahoma.

Der Messias komme, meldeten die Trommeln. Er habe versucht, die Weißen zu erretten, aber sie hätten ihn mit Verachtung gestraft und zurückgewiesen. Nun wolle er nichts mehr von ihnen wissen, werde sie vernichten und sich seiner roten Kinder erbarmen.

Beunruhigt über die Verbreitung des neuen Glaubens, beeindruckt von vorurteilsvollen, ja unwahren Berichten, in denen davon die Rede war, ein großer Aufstand der Indianer stehe unmittelbar bevor, forderte der Indianeragent R. F. Roger in der Sioux-Reservation telegrafisch Militär an.

Die Soldaten trafen am 19. Oktober 1890 in Pine **Ridge** ein. Tausende von Indianern flohen in die schwer zugänglichen Badlands, die schon Custers Kolonnen so manchen Schweißtropfen abverlangt hatten. Über Nacht machte die Geistertänzer-Bewegung in den Zeitungen der weißen Welt Schlagzeilen. Siedler im Sioux-Land verließen ihre Gehöfte und suchten in den Städten Zuflucht.

Sitting Bull blieb ruhig an seinem Wohnsitz am Grand River. Zwar sprach man im ganzen Land davon, daß er der Hohepriester dieser neuen Bewegung sei. Aber das waren wilde Gerüchte.

Sitting Bull trat zwar auch noch zu dieser Zeit entschieden dafür ein, daß man den Indianern gestatten solle, zu glauben, was ihnen gefiel. Auf den langen Reisen mit Buffalo Bill hatte er erfahren, daß dieser Grundsatz in der Verfassung der USA verbürgt war. Es schien ihm nur gerecht, daß er auch für die Indianer gelten solle. Insoweit also, wie die Geistertänzer-Bewegung die indianischen Unabhängigkeitsbestrebungen propagierte, mag er mit ihren Zielen einverstanden gewesen sein. Aber bestimmt hatte er nicht vor, einen bewaffneten Aufstand zu unterstützen. Er war realistisch genug, um einzusehen, daß eine solche Erhebung keine Chance gehabt hätte.

Major McLaughlin von der Standing Rock Agentur erklärte, von den Indianern dieser Reservation sei nichts Böses zu erwarten. Immer noch war der Name Sitting Bull gefürchtet. Die Aufmerksamkeit der Weißen richtete sich auf das Verhalten der Unkpapas.

Thanksgiving rückte heran, das amerikanische Erntedankfest. Die Regierung versuchte, die Indianer durch die Ausgabe einer zusätzlichen Ration Rindfleisch in Pine Ridge zu beruhigen. Plenty Bear, ein Sioux, kam mit der Nachricht ins Lager, daß sich in dem Lager Big Foot am Cheyenne River mehr als 2000 Indianer versammelt hätten und immer mehr hinzukämen. Bei dem Agenten Roger, der von Anfang an überängstlich gewesen war, dürften Erinnerungen an das große Lager am Little Bighorn wach geworden sein.

Er drängte General Miles, endlich etwas zu unternehmen.

Die Pläne des Generals schienen patent: erst einmal Sitting Bull gefangensetzen, dann die übrigen Indianer entwaffnen.

Am 28. November reiste Buffalo Bill an. Er hatte einen Haftbefehl gegen Sitting Bull bei sich. Beide Männer waren alte Freunde.

Cody schlug vor, Sitting Bull eine Wagenladung mit Geschenken anzubieten und ihn aufzufordern, sich freiwillig zu stellen.

McLaughlin sprach gegen diesen Vorschlag. Der Winter war noch nicht angebrochen. Das setzte die Indianer bei möglichen Gefechten in Vorteil. Er erbot sich, Sitting Bull und die anderen Indianer aufzusuchen, sobald Schneefälle eingesetzt hatten.

Codys Befehl wurde aufgehoben.

McLaughlin sah sich zum Handeln gedrängt. Er erhielt die Nachricht, der Messias werde bald die Sioux besuchen. Sitting Bull wolle sich mit ihm treffen. Am 12. Dezember erbat der Alte tatsächlich einen Paß für eine Reise nach Pine Ridge. Der Grund dafür mag harmlos gewesen sein.

Hätte Sitting Bull wirklich fliehen wollen, er wäre wohl kaum um einen Paß eingekommen. Aber die Weißen vermuteten, der alte Mann habe vor, die feindlichen Indianer weiter aufzuwiegeln.

Am selben Tag befahl General Miles, Sitting Bull festzunehmen.

McLaughlin hatte eine schlagkräftige indianische Polizeitruppe aufgebaut. In der Nacht verständigten Kuriere die verschiedenen Polizisten, sie sollten sich vor dem Dorf Sitting Bulls am Grand River versammeln. Alle Indianer gehorchten. Einige von ihnen ritten vierzig Meilen durch die Nacht, um rechtzeitig zur Stelle zu sein.

Aus Fort Yates marschierte Captain E. G. Fechet mit hundert Mann und einer Hotchkiss-Kanone heran.

Die Sonne war noch nicht aufgegangen, als die Indianerpolizei, angeführt von Leutnant Bull Head und den Sergeanten Shave Head und Red Tomahawk, die Hütte von Sitting Bull umstellten. Bull Heads kleine Abteilung drängte in das Haus. Der alte Häuptling schlief auf dem Fußboden. Er wurde geweckt, und man befahl ihm, sich anzuziehen. Er gehorchte, aber in seinen Augen spiegelte sich Zorn. Wie ein gemeiner Verbrecher wurde er von der Polizei abgeführt.

Unterdessen waren seine Krieger ausgeschwärmt. Überall tauchten Gewehre auf. Wutschreie, Drohungen, Beschimpfungen wurden laut. Die Frauen begannen ihre Klagegesänge. Aus dem Tumult drang Sitting Bulls Stimme. „Ich gehe nicht", rief er, und dann gab er Befehle, wie man ihn befreien solle. Kriegsgeheul brandete auf. Ein Schuß fiel. Bull Head brach zusammen. Sitting Bulls Freund, Catch-the-Bear, hatte ihn erschossen. Im Fallen drehte sich Bull Head um und feuerte ebenfalls. Die Kugel durchschlug Sitting Bulls Körper. Dann zwei Schüsse, die fast gleichzeitig abgegeben wurden. Red Tomahawks Kugel traf den Alten im Rücken. Das war der Tod. Jetzt kam es zu einem schrecklichen Nahkampf. Shave Head brach zusammen. Mehrere Polizisten gingen zu Boden. Umstellt, wehrten sie sich und schlugen auf die wutentbrannten Unkpapas ein. Die Tür zu Sitting Bulls Hütte stand auf. Die Polizisten rannten ins Haus. Sie schleppten ihre Verwundeten und Toten mit. Drinnen trafen sie auf Crowfoot, Sitting Bulls 17jährigen Sohn. Sie töteten ihn.

Captain Fechet ritt an. Das Hotchkiss-Geschütz, ein Vorläufer des Maschinengewehrs, begann zu feuern. Die ersten Salven schlugen in der Nähe der Polizisten ein. Fechet ließ das Rohr schwenken. Jetzt lagen die Einschläge mitten unter den sich zusammendrängenden Indianern.

Sitting Bulls Anhang floh über den Fluß.

Vier Polizisten waren gefallen, zwei lagen im Sterben, zwei weitere waren schwer verwundet.

Die Leichen der toten Polizisten wurden in ein Massengrab geworfen. Sitting Bulls Leichnam, den ein wütender Polizist verstümmelt hatte, schob man auf einen Planwagen und schaffte ihn fort, zur Agentur. Dort verscharrte man ihn in einer Kalkgrube.

Jetzt kam es darauf an, den zweiten Teil von Miles' Plan auszuführen. Die Indianer sollten entwaffnet werden.

Als sich die Nachricht vom Tod Sitting Bulls verbreitete, wuchs die Spannung in der Sioux-Nation. Drei Tage nach seinem Tod kam es zu zwei Gefechten am Cheyenne-Fluß. Andererseits kehrten viele der geflüchteten Indianer auf die Agenturen zurück. Am 18. Oktober zogen tausend Oglalas in Pine Ridge ein. Humps mit über 200 Indianern stellte sich in Fort Bennett.

Nur eine Abteilung wollte sich nicht beugen — Big Foots Dorf am Cheyenne. Die meisten Anhänger von Sitting Bull hatten sich diesem Häuptling angeschlossen. Oberst Sumner von der 8. Kavallerie versuchte Big Foot zu überzeugen, daß er nachgeben müsse. Der Häuptling erklärte, er hege keine feindlichen Absichten. Als Beweis ergaben sich 330 Indianer dieses Stammes am 21. Dezember. Dann kam Befehl, den Häuptling zu verhaften. Diese Anordnung machte der Hoffnung auf eine vernünftige Lösung ein Ende. In der Nacht des 22. Dezembers floh Big Foots Stamm in die Badlands. Fast 3000 Soldaten begannen sofort, Jagd auf sie zu machen. Am 28. Dezember stieß Major Whiteside von der 7. Kavallerie auf ein Lager bei Wounded Knee Creek und forderte die Indianer auf, sich zu ergeben.

Big Foot verlegte sich aufs Verhandeln.

„Wir wollen reden", erklärte er, „ich bin krank, und mein Volk will Frieden."

„Ich will keine langen Reden hören", erwiderte Whiteside, „entweder ihr ergebt euch, oder wir werden kämpfen. Was also?"

„Wir ergeben uns", antwortete Big Foot. Und dann fügte er noch einen Satz hinzu, aus dem die ganze Verzweiflung der Sioux ersichtlich wurde.

„Wir hätten uns schon längst ergeben, wenn wir gewußt hätten, wo wir dich finden können."

Am Nachmittag marschierten an die 250 Männer und Frauen zum Lager der 7. Kavallerie stromabwärts. Die Indianer kampierten in der Nähe der Soldatenzelte.

Am nächsten Morgen, dem 29. Dezember, ließ Oberst Forsyth, der nun Kommandeur der 7. war, mit 500 Soldaten das Lager der Indianer umstellen. Außerdem wurden vier Hotchkiss-Geschütze auf die Sioux gerichtet. Die Gefangenen sollten nun ihre Waffen abgeben. Big Foots Behauptung, er sei krank, entsprach der Wahrheit. Mit einer Lungenentzündung lag er in seinem Zelt.

Seine Krieger kamen den Befehlen Whitesides nicht so

Vor dem Massaker von Wounded Knee

rasch nach, wie sich die Soldaten das vorgestellt hatten. Nur ein paar Gewehre wurden abgegeben. Der Major wurde wütend. Er besprach sich mit Forsyth und ließ die Kavallerie näher heranrücken. Außerdem schickte er Trupps in die Zelte, um nach Waffen zu fahnden.

Die Soldaten durchwühlten Decken und Bettzeug und gingen mit den Frauen und Kindern ziemlich grob um. Das erboste die zuschauenden Krieger. Ein Medizinmann, Yellow Bird, begann die Männer anzustacheln.

„Ihr tragt Geisterhemden, die kugelsicher sind. Laßt euch das nicht gefallen", rief er.

Soldaten rissen einem Krieger eine Decke aus der Hand. Yellow Bird warf eine Handvoll Staub in die Luft. Ein Schuß fiel.

Darauf hatte die 7. Kavallerie nur gewartet. 14 Jahre lag die Niederlage Custers jetzt zurück. Die 7. Kavallerie selbst hatte nie Gelegenheit bekommen, diese Scharte wieder auszuwetzen, Rache zu nehmen für ihre verletzte Ehre, für ihren gefallenen Kommandeur.

Hier bot sich eine Gelegenheit, wie sie so schnell nicht wiederkehren würde.

Die Mündungen der Karabiner berührten fast die sich zu einer Menge zusammendrängenden Krieger. Unglaublich, aber die Soldaten gaben eine Salve in diese Menschenmenge hinein ab. Etwa die Hälfte aller Indianer stürzte sofort tot oder verwundet zu Boden.

Die Überlebenden warfen sich gegen den Kordon. Die meisten trugen keine Waffen, aber sie griffen nach ihren Messern. Zahlenmäßig waren sie gegenüber den Soldaten in der Minderheit, aber in ihrer Wut über diese unglaubliche Brutalität sprangen sie den Soldaten an die Kehlen. Selbst Kinder und Frauen griffen mit an. Captain Wallace wurde am Bein verletzt. Ehe er aufspringen konnte, hatten ihn indianische Frauen zu Tode geprügelt.

Dann begannen die Hotchkiss-Geschütze zu feuern. Innerhalb von Minuten war der Platz mit toten und verwundeten

Indianern übersät. Eine Handvoll brach durch und floh in Panik eine tiefe Schlucht hinab. Die Soldaten verfolgten sie, und die Hotchkiss-Geschütze wüteten weiter unter der hilflosen, fliehenden Menge. Wenn es je ein Ereignis gab, auf das das Wort „Massaker" zutrifft, so dieses.

Das Gemetzel war gegen neun Uhr zu Ende, obwohl auch danach immer noch Gruppen von Soldaten in den Hügeln Versprengte jagten. Wie viele Indianer umkamen, wird für immer unbekannt bleiben. In der Nacht setzte ein Blizzard ein, und es dauerte drei Tage, ehe die Soldaten noch einmal aus Pine Ridge zurückkamen, wohin sie die Gefangenen und Verwundeten gebracht hatten. Wie viele Indianer, die verletzt oder zu schwach waren, um sich zu bewegen, nach dem Massaker noch starben, läßt sich nicht schätzen. Es müssen aber sehr viele gewesen sein.

Zwei kleine Kinder fand man noch. Sie lebten. Ihre nun toten Mütter hatten sich über sie geworfen und sie mit ihren Leibern geschützt.

Als die Soldaten zurückkamen, waren auch schon viele Leichen von überlebenden Verwandten fortgeschafft worden. Es waren immer noch genug. Das Beerdigungskommando zählte 64 Männer und Jungen, 44 Frauen und 18 kleine Kinder, insgesamt 126 Tote.

Unter ihnen war auch Big Foot, den man tot vor seinem Zelt fand.

Dr. Charles Eastman, der die Stelle nach dem Blizzard, aber vor der Beisetzung der Toten besuchte, schreibt: „Es war schrecklich, wie die Kinder und Frauen zu Gruppen tot dalagen. Einige der jungen Mädchen hatten sich ihre Schals um den Kopf geschlungen oder die Hände vors Gesicht geschlagen. Ich nehme an, sie taten das, um nicht zu sehen, wie die Soldaten herankamen, um sie zu erschießen. An einer Stelle lagen zwei kleine Kinder, etwa ein Jahr alt das eine, das andere um die drei Jahre, sie lagen auf dem Gesicht, tot, und dreißig Yards entfernt lag eine Frau. Sie waren nicht ganz eine Meile vom Lager entfernt. Vor den Zelten lagen die Toten im Halbkreis, die meisten waren Männer. Dort hatte die Verhandlung zwischen den Soldaten und den Indianern stattgefunden."

Nach solchen Berichten weiß man, warum der Name Wounded Knee unter der Nation der Sioux immer als Fanal wirken wird.

17. Libbie gegen Reno

Die Zeit anhalten, sie noch einmal zurückdrehen. Die Szene ist jetzt die Welt des Weißen Mannes. Das Licht der Erzählung fällt auf eine Witwe und auf einen Mann, dessen Nerven sich als zu schwach erwiesen . . .

In der Nacht des 5. Juli 1876 ging das Versorgungsschiff der US-Armee „Far West" in Bismarck vor Anker. Die Nachricht von der Katastrophe um Custer wurde in den Osten telegraphiert.

Dann legte der Dampfer bei Fort Lincoln an. Die Angehörigen der Gefallenen mußten verständigt werden.

Libbie Custer wurde am nächsten Morgen durch ein Klopfen an der Hintertür munter. Sie hörte, wie eine tiefe Stimme die Köchin bat, Mrs. Custer zu wecken.

Libbie zog ihren Schlafrock über und rief Margret Calhoun und Maria Reed zu sich. Im Salon trafen die Frauen mit Captain William S. McCaskey, Leutnant Gurley und dem Arzt J. V. D. Middleton zusammen. Der Captain verlas eine förmlich gehaltene Erklärung über die Tragödie, die sich am Little Bighorn abgespielt hatte. Alle drei Frauen starrten ihn wie betäubt an. Es war schwül draußen, aber Libbie bat, ihr einen Schal zu bringen. Sie fror. Margrets Sinne wollten die Schreckensnachricht nicht sofort aufnehmen. Sie hatte ihren Ehemann, drei Brüder und einen Neffen verloren. Von der immer eng miteinander verbundenen großen Familie der Custers waren jetzt nur noch die Eltern, sie und ein Bruder am Leben. Als der Captain ging, lief sie ihm nach und fragte: „Haben Sie keinen Brief für mich?"

26 Ehefrauen im Fort waren Witwen geworden. Von Libbie wurde erwartet, daß sie zugegen war, als einem Teil von ihnen in der Offiziersmesse, den anderen im Waschhaus

die Mitteilung verlesen wurde. Sie hatte sich vorgenommen, tapfer zu sein, aber sie hatte dann doch gezittert.

Kaum hatte sich Libbie von dem Schock erholt, da wurde ihr klargemacht, daß sie nun nicht länger zur Armee gehörte. Sie mußte ihr Heim aufgeben. Der Lohn des Vaterlandes für eine Soldatenwitwe, deren Mann zwölf Dienstjahre hinter sich gehabt hatte, als er fiel, bestand in einer Pension von 30 Dollar im Monat.

Neue Aufregungen brachten die ersten Zeitungsberichte.

Trotz der Vorsorge des Zeitungsverlegers James Gordon Bennett, der Custers Operationen über das ganze Land hatte ausposaunen wollen, um so dem Wildwesthelden den Weg zum Präsidentschaftskandidaten zu ebnen, war es jetzt nicht eines seiner Blätter, sondern die kleine „Helena Herald" in Montana, die in einer Extraausgabe zum 4. Juli als erste Zeitung der USA einen Bericht über die Schlacht am Little Bighorn River brachte.

Wütende Bürger kümmerten sich plötzlich nicht mehr um die Hundertjahrfeier der Amerikanischen Unabhängigkeitserklärung, die an diesem Tag stattfinden sollte, sondern empfanden ein empörtes Gruseln bei den Geschichten über die Vernichtung der Eliteeinheit des amerikanischen Heeres.

Was noch mehr Aufsehen erregte, war der Tod Custers, den die meisten Blätter in ihren Artikeln sofort zu einer Art von Halbgott in Buckskins und zu einem nationalen Märtyrer verklärten.

Überall schmückten die Redakteure ihre Berichte phantasievoll aus. Tatsachen und Erfundenes ließen sich für den Leser nur schwer auseinanderhalten, zumal die wenigsten Leute genaue Kenntnisse über den entlegenen Winkel des großen Landes besaßen, in dem die Katastrophe stattgefunden hatte.

Bei der indianerfeindlichen Politik der Armee und eingedenk der Tatsache, daß Patriotismus in diesen Jahren Trumpf war, konnte es nicht erstaunen, daß von den Vorgängen bald nur noch als von dem „Massaker an Custer"

Das letzte Lager der Sioux

die Rede war. Völlig zu Unrecht, handelte es sich doch keineswegs um die Tötung unbewaffneter Zivilisten. Die Indianer hatten sich lediglich gegen einen Überfall zur Wehr gesetzt.

Custer wurde so nach seinem Tode zu einem Nationalhelden erhoben, der alle Tugenden der aufstrebenden Industrienation in sich vereinigte: Wagemut, Tollkühnheit, harte Ellbogen, Entschlossenheit gegenüber den Untermenschen von Indianern, die eben aus dem Weg geräumt werden mußten — nur leider hatten sie sich in diesem Fall nicht so ohne weiteres aus dem Weg räumen lassen.

Überall im Land blühten Legenden auf, die sich um Custer rankten; Maler und Dichter taten ihr Bestes, ihn zu verherrlichen und das Heldendrama vom Little Bighorn für die Nachwelt festzuhalten.

Gegen eine solche patriotische Heiligenlegende anzugehen, ist nicht so einfach. Es bedeutet: gegen den Strom schwimmen. Dennoch gab es von Anfang an einige Männer, die sich nicht scheuten, ihre Ansichten über die Fehler Custers öffentlich auszusprechen. Da war der alte Oberst Sturgis, immer noch nominell Kommandeur der 7. Kavallerie. Er erklärte, Custers berühmtes Glück sei nach hinten losgegangen — eine drastische Formulierung, aber doch noch eine ziemlich milde Kritik, wenn man bedenkt, daß Sturgis am Little Bighorn einen Sohn verloren hatte.

Was Libbie besonders erboste, war, daß zwei Berichte, die General Terry über die Kämpfe am Little Bighorn verfaßt hatte, in der Öffentlichkeit bekannt wurden.

Der erste Bericht — er ist am Anfang dieses Buches wiedergegeben — stammte vom 27. Juni. In ihm beschränkte sich Terry darauf, den Ablauf der Ereignisse ungeschminkt und alles in allem ziemlich sachlich wiederzugeben. (Die Fehler, die er enthält, sind geringfügig und erklären sich daraus, daß manche Einzelheiten noch nicht genau untersucht waren.)

Der zweite Bericht, datiert vom 2. Juli, enthielt unverblümt die Feststellung, Custers Mißachtung von Befehlen seiner Vorgesetzten habe zu seinem Tod und zum Untergang der 7. Kavallerie geführt. Alles wäre nicht so gekommen, hätte Custer nicht unbedingt die Indianer angreifen wollen, ehe Gibbon mit seiner Abteilung zur Stelle war.

Daß der zweite Bericht angeblich nur durch ein Mißverständnis veröffentlicht worden war, tröstete Libbie wenig.

Sie gestand ein, ihr Mann sei immer ungestüm gewesen. Aber hatte er nicht selbst in einem in seinen letzten Lebensjahren verfaßten Artikel für das Magazin „Galaxy" erzählt, wie General Hancock gerade durch die Mißachtung eines Befehls die Schlacht von Williamsburg im Bürgerkrieg gewinnen half?

Auch ihr Mann selbst mochte sich vielleicht über Befehle hinweggesetzt haben, aber wenn dem so war, dann hatte er gewiß gute Gründe dafür gehabt.

Es war davon die Rede, Custer habe damit geprahlt, er werde Terry davonreiten, wie er ja bei der Yellowstone-Expedition auch Stanley davongeritten sei.

General Gibbon erinnerte sich daran, Custer gewarnt zu haben, nicht zu gierig zu sein und auf ihn zu warten. Libbie hielt all das für Klatsch und das Geschwätz von Neidern.

Im Winter 1877/78 — sie hatte inzwischen ein Erinnerungsbuch über ihr Leben mit Custer geschrieben — drängte sie auf eine öffentliche Untersuchung der Vorgänge, die zum Tode ihres Mannes geführt hatten. Sie wurde dabei von ihrem Verleger unterstützt, der sich von einer solchen Verhandlung wohl mit Recht beträchtliches Aufsehen versprach, was den Verkauf des Buches fördern würde.

Der Verleger, Mr. Whitetaker, schrieb einen Brief an den Senator des Staates Wyoming, in dem er einen parlamentarischen Untersuchungsausschuß über die Schlacht am Little Bighorn River verlangte. Eine Kopie dieses Schreibens übergab er der Presse.

Bei der Verhandlung sollte vor allem die Frage geklärt werden, ob Major Reno sich militärisch richtig und dem

Ehrenkodex des Offizierkorps entsprechend verhalten habe.

Es würde zu untersuchen sein, ob man ihm Unfähigkeit bei der Ausübung seines Kommandos oder vielleicht sogar unterlassene Hilfeleistung gegenüber seinem Vorgesetzten vorwerfen konnte.

Reno beantragte schließlich ein Verfahren gegen sich selbst, das am 13. Januar 1879 vor einem Militärgericht im Palmer House in Chicago stattfand.

Das Gericht setzte sich aus drei Offizieren zusammen. Vorgeladen waren zahlreiche Angehörige des 7. Kavallerieregiments, Offiziere, einfache Soldaten und sogar zwei Zivilisten, die als Arbeiter des Packzuges Dienst getan hatten. Reno verteidigte unter Eid sein Verhalten und seine Anordnungen während der Schlacht. Er warf Custer vor, ihn nicht in seine Absichten eingeweiht zu haben. Custers einziger Befehl an ihn, so sagte er aus, habe darin bestanden, das Dorf anzugreifen. Dies habe er getan. Wörtlich habe der Befehl weiter gelautet: „Sie werden dabei von meinem gesamten Kommando unterstützt werden."

Die Frage war, was dieser letzte Satz besagen sollte.

Reno erklärte, nach allem, was bis zum Mittag des fraglichen Tages besprochen worden war, habe er annehmen müssen, Custer werde ihm mit seinen Kompanien folgen und, sofern nötig, von hinten in die Kämpfe eingreifen. Statt dessen habe Custer versucht, die Indianer zu umgehen, um sie von der entgegengesetzten Seite des großen Lagers her anzugreifen.

Reno behauptete weiter — und dies war der schwächste Punkt seiner Aussage —, sein Rückzug, bei dem er ein Drittel seiner Soldaten verlor, sei ein Angriff gewesen.

Zeugen erwähnten aber, er sei in solcher Eile aus dem Wald davongeritten, daß ein Teil der Soldaten seinen Befehl nicht mitbekam und zurückblieb.

Da viele dieser Männer nach Einbruch der Dunkelheit das Lager im Hochtal über dem Fluß unverletzt erreichten, stellte das Gericht die Frage, ob es nicht klüger gewesen wäre, sich im Wald einzugraben, als die Indianer ihren Gegenschlag führten, und sich dort zu verteidigen. Reno bestritt das, aber unausgesprochen hing in der Luft, daß er die Nerven verloren hatte. Alle Offiziere, die von der Anklage ins Kreuzverhör genommen wurden, schreckten davor zurück, Reno einen Feigling zu nennen. Auch gute Männer verlieren manchmal ihren Kopf, und immerhin war Reno ein Kamerad, und man wußte, was man dem Kastengeist des Offizierkorps der US-Armee schuldig war.

Leutnant Godfrey sagte immerhin aus, Reno habe unentschlossen gewirkt und „nervöse Schüchternheit" gezeigt. Das waren die stärksten Ausdrücke, die fielen. Nur ein Zivilist, einer der Arbeiter vom Packzug, der von Reno geschlagen worden war, bezeugte, der Major sei während des Gefechts betrunken gewesen.

Über das Urteil des Kriegsgerichts mochte keiner recht froh werden. In wohlgesetzten Worten verkündeten die Richter: „Das Verhalten der Offiziere war stets ausgezeichnet. Während seine Untergebenen in manchen Fällen durch ihr mutiges Auftreten mehr zur Sicherheit des Kommandos beitrugen als Major Reno selbst, findet das Gericht auch sein Verhalten ohne Tadel."

Reno konnte also keine Mißachtung von Befehlen nachgewiesen werden. Es war aber klar geworden, daß er bei dem Gegenangriff der Indianer den Kopf verloren hatte. Der Ruch von Feigheit und Schande blieb an seinem Namen haften. Einige Jahre später starb er als gebrochener Mann in einem Krankenhaus in Washington.

Die Diskussion über die Schlacht, über die näheren Umstände von Custers Tod und über die Frage, welcher von den Indianern ihn getötet habe und an welcher Stelle des Schlachtfeldes er umgekommen sei, ging noch lange weiter.

Die Heldenverehrer versuchten Legenden zu erfinden, die das Scheitern des großen Generals erklären sollten, ohne daß dadurch seine Feldherrenkunst in Zweifel gezogen werden mußte.

Seine Niederlage konnte nach Ansicht dieser Leute nur dadurch zustande gekommen sein, daß die Indianer Helfershelfer gehabt hatten.

Eines der verwegensten Gerüchte besagte, daß Sitting Bull unter dem Tarnnamen „Bison" die Militärakademie von West Point besucht und dort die Strategie des Weißen Mannes gelernt habe.

Andere Leute waren sicher, Custer sei nur deshalb überwunden worden, weil Sitting Bull über einen Beraterstab, bestehend aus ehemaligen Offizieren der Südstaatenarmee, verfügt habe. Langsam war jeder noch so abwegigen Spekulation Tür und Tor geöffnet.

Nur die einfachste Erklärung für Custers Fall — die nämlich, daß ihn sein Ehrgeiz, seine Überheblichkeit und sein Leichtsinn ins Verderben geführt hatten — hörte man höchstens in vorsichtiger Umschreibung.

Wirkt die Verwandlung eines ruhmsüchtigen Karrieristen zum Ritter ohne Furcht und Tadel schon reichlich lächerlich, so gilt dies nicht minder für den Streit unter den Indianern um die Frage: Wer tötete Custer?

Aber wer die Geschichte der Sioux-Nation gegen Ende des 19. Jahrhunderts kennt, begreift, daß die Voraussetzungen für solch einen Streit günstig waren.

Diese Indianerkrieger, hungernd und sich langweilend in ihren Reservationen eingesperrt, hatten kaum mehr als die Erinnerungen an eine glorreiche Vergangenheit. Und manch einer war für eine Flasche Whisky bereit, den in diesem Punkt so neugierigen weißen Historikern und Schriftstellern lang und breit klar zu machen, er und kein anderer habe Custer zur Strecke gebracht.

So blieb das Nachspiel zur Schlacht vom Little Bighorn auch nur ein Lehrstück für menschliche Dummheit und Eitelkeit.

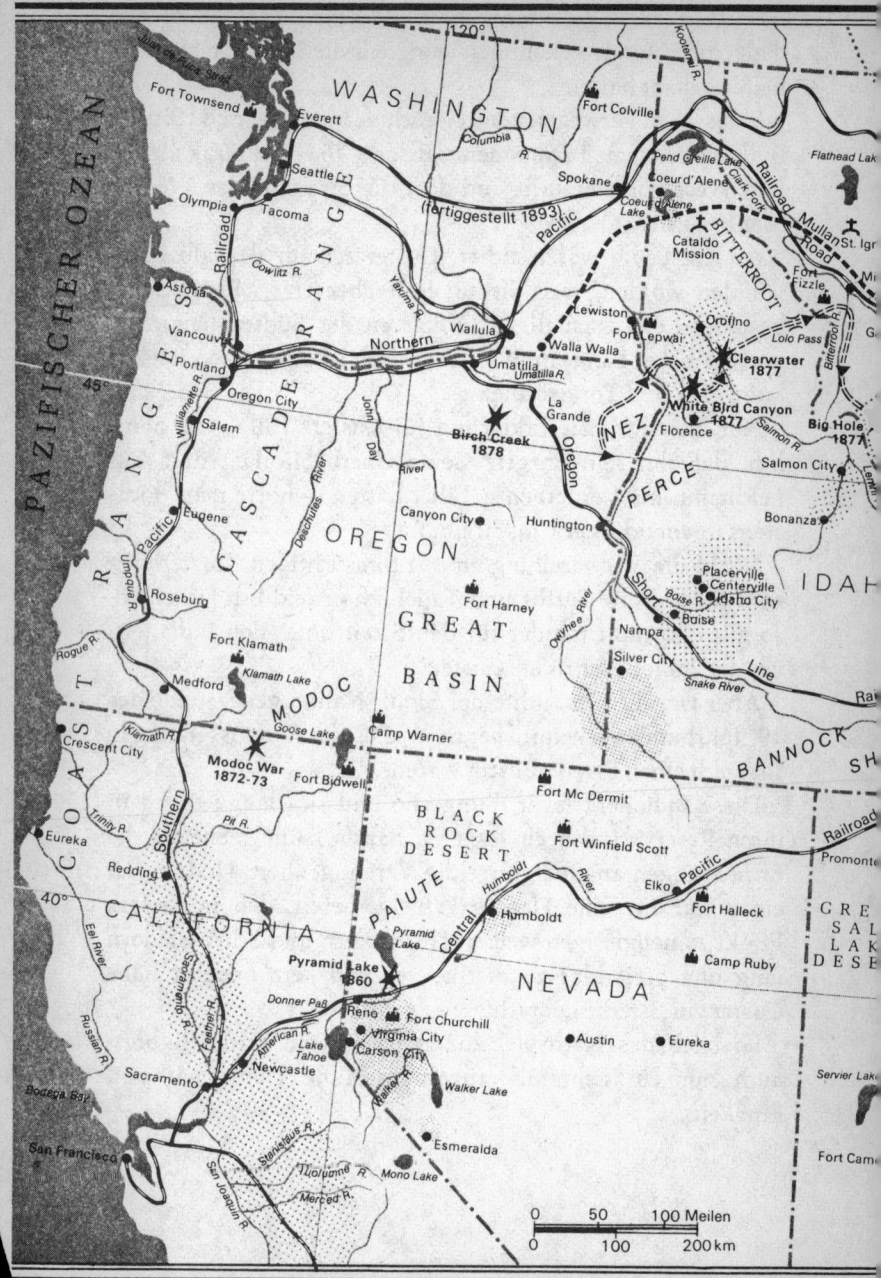

PAZIFISCHER OZEAN

WASHINGTON

Juan de Fuca Straße
Fort Townsend
Everett
Seattle
Olympia
Tacoma
Columbia
Spokane
Fort Colville
Pend Oreille Lake
Coeur d'Alene
Coeur d'Alene Lake
Flathead Lake
Pacific (fertiggestellt 1893)
Railroad
Mullan Road
St. Ign
BITTERROOT
Cataldo Mission
Cowlitz R.
Yakima
Astoria
Vancouver
Portland
Oregon City
Salem
Wallula
Walla Walla
Umatilla
Umatilla R.
Northern
Lewiston
Fort Lapwai
Orofino
Clearwater 1877
Loio Pass
Fort Fizzle
White Bird Canyon 1877
Florence
Big Hole 1877
La Grande
Birch Creek 1878
NEZ
Salmon R.
Salmon City
PERCE
Eugene
Canyon City
Huntington
Bonanza
Roseburg
Rogue R.
Umpqua R.
OREGON
Fort Harney
GREAT
BASIN
Placerville
Centerville
Idaho City
IDAHO
Boise River
Boise
Nampa
Silver City
Snake River
Fort Klamath
Klamath Lake
Medford
MODOC
Line
Rai
Crescent City
Klamath R.
Goose Lake
Camp Warner
Modoc War 1872-73
Fort Bidwell
BANNOCK
SH
Eureka
Trinity R.
Pitt R.
BLACK ROCK DESERT
Fort Mc Dermit
Redding
CALIFORNIA
Eel River
PAIUTE
Fort Winfield Scott
Humboldt
Humboldt River
Elko
Fort Halleck
Pacific
Railroad
Promontory
GRE
SAL
LAK
DESE
Pyramid Lake
Humboldt
Camp Ruby
Sacramento R.
Feather R.
Pyramid Lake 1860
Central
Donner Paß
Reno
Fort Churchill
Virginia City
Carson City
NEVADA
American R.
Lake Tahoe
Newcastle
Austin
Eureka
San Francisco
Bodega Bay
Russian R.
Walker R.
Walker Lake
Servier Lake
Esmeralda
Fort Cam
Stanislaus R.
San Joaquin R.
Tuolumne R.
Mono Lake
Merced R.

0   50   100 Meilen
0   100   200 km

★ Indianerkämpfe   ⚑ Hauptlagerpunkte der Indianer in den Reservationen   ♜ Fort   Goldfunde

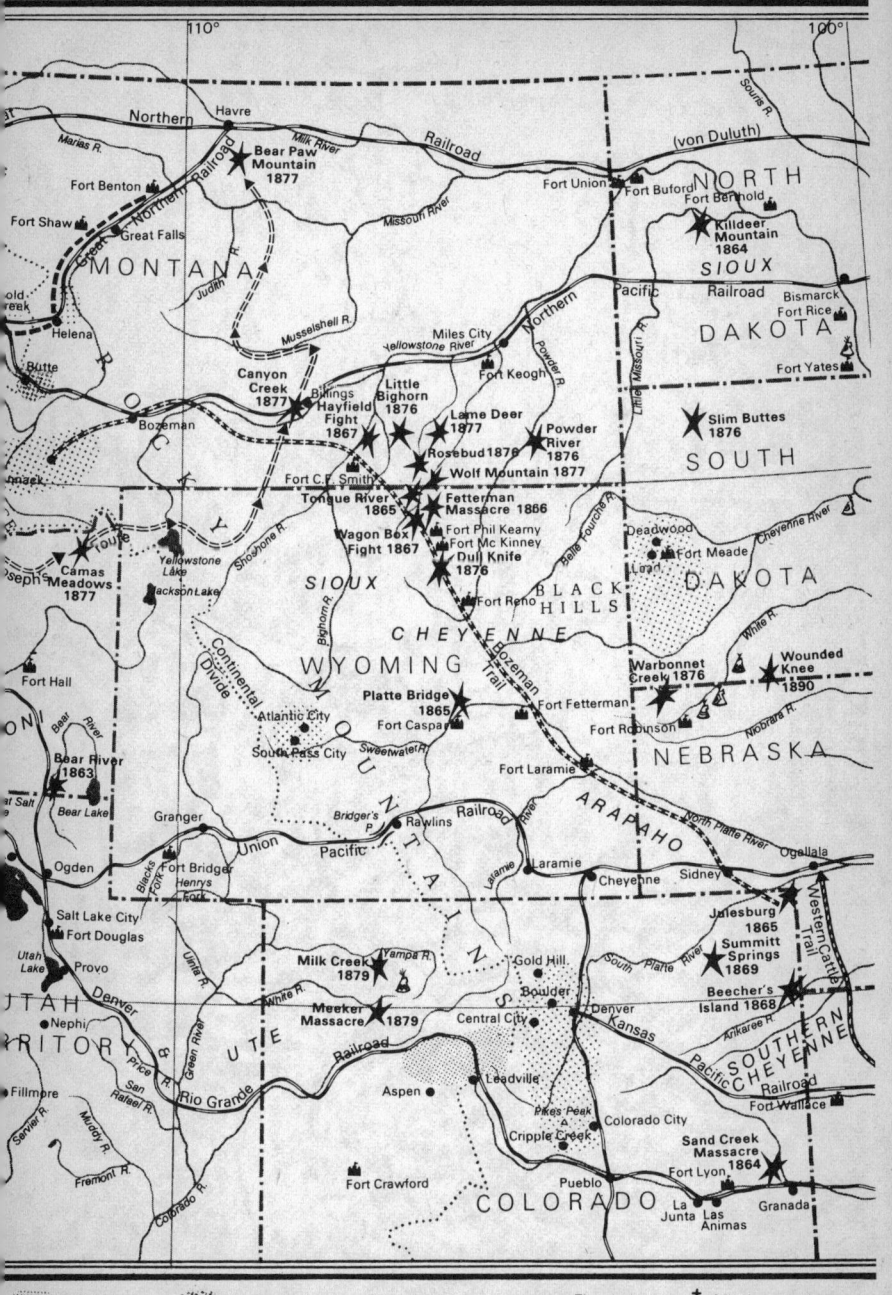

Silberfunde   Kupfergebiet   ● Orte   ✕ Paß   Eisenbahnen   ⚓ Missionsstation

DER KAMPF AM LITTLE BIGHORN
25. JUNI 1876

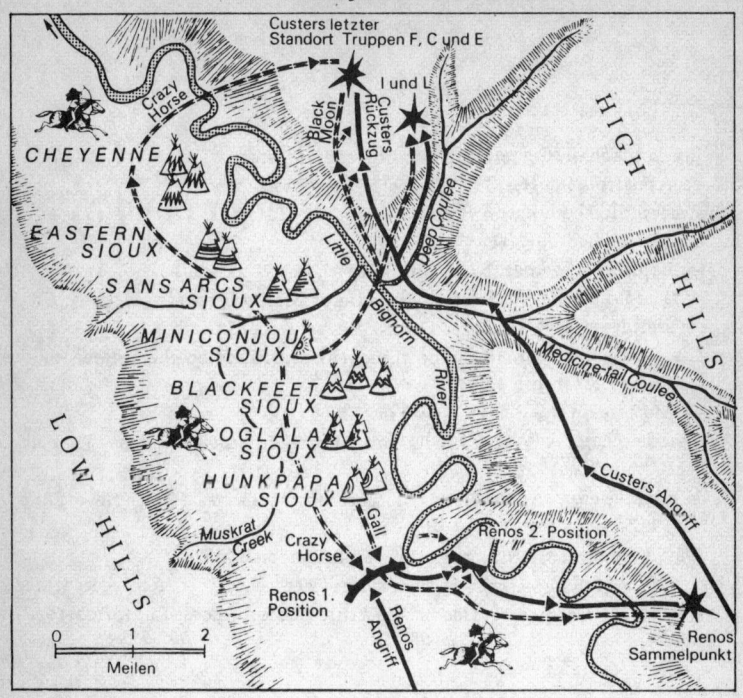

Bibliografie

Jay Monaghan, Custer, The Life of General George
    Armstrong Custer, Lincoln 1971
Custer, Elizabeth Bacon (Libbie)
—, A Beau Sabreur, New York 1891
—, Boots and Saddles, New York 1904
—, The Boy General: Story of the Life of Major-General George A. Cu-
    ster, New York 1901
Custer, George Armstrong, Battling with the Sioux on the Yellowstone,
    Galaxy XXII, Juli 1876
—, My Life on the Plains, New York 1874
Wooden Leg, A Warrior who fought Custer, interpreted by Thomas
    B. Marquis, 1931
William Reusswig, A Picture Report of the Custer Fihgt, New York
    1967
David Humphreys Miller, Custers Fall, London 1957
Paul J. Wellmann, Death on the Prärie, 1934
Thomas B. Marquis, Custer on the Little Bighorn, Lodi, California 1967

Von Frederik Hetmann ist im Loewes Verlag
erschienen:

Ins dunkle Afrika

Das abenteuerliche Leben des Henry Morton Stanley
302 Seiten mit 43 Abbildungen und Karten. Gebunden
DM 16,80

„Die Geschichte ist bekannt: Ein amerikanischer Sen-
sationsreporter zieht 1871/72 von Sansibar aus zum
Tanganjikasee, um einem britischen Nationalhelden die
Hand zu drücken. Als jener Mr. Stanley seine legendä-
ren vier Worte spricht („Doctor Livingstone, I pre-
sume?") hat er dem 58jährigen Forscher das Leben gerettet, die Engländer blamiert, denen der Durchbruch
nicht gelungen war und seine Unsterblichkeit erreicht.
Das ist die Zeitungsgeschichte. Frederik Hetmann geht
tiefer. Ihm ist die Geschichte Anlaß, über die Antriebs-
kräfte solcher Männer nachzudenken. Was trieb sie in
den Dschungel, ließ sie trotz Krankheit und Schmerz
nicht aufgeben, nach Flußläufen zu suchen, die den Ur-
einwohnern seit Jahrtausenden gleichgültig waren? Es
gelingt hier der wahrhaft aufregende Versuch, ,das
Leben eines Tatmenschen im Zeitalter des Imperialis-
mus darzustellen'."   *Die Zeit*

rotfuchs Auswahl 12-16 Jahre

Margot Schroeder
Das kannst du laut sagen, Hannes!

Hannes findet keine Lehrstelle. Zu Hause ist auch nichts los, seine Eltern sind berufstätig. Mit seinen Freunden kommt er nicht mehr klar. Beim Zeitungaustragen lernt er die Rentnerin Johanna kennen. Die ist anders als die anderen Alten, mit ihr kann man reden, die hört zu . . .
Band 201

Tagtäglich
WECKBUCH 3 Gedichte
Herausgegeben von Joachim Fuhrmann

Rund achtzig zeitgenössische Lyriker sind mit Beiträgen in dieser Sammlung von Gedichten für Jugendliche vertreten. Ob sie von Anpassungsschwierigkeiten, von zu Hause und Schulproblemen handeln oder ganz «privat» bleiben – vielen Lesern steht bei diesen Texten die eigene Situation vor Augen. Aufgenommen in die Auswahlliste zum Deutschen Jugendbuchpreis und ausgezeichnet mit dem Preis des «Roten Elefanten» Band 135

Antonio Skármeta
Nixpassiert
Erzählung

„Nixpassiert", so heiß ein Chilene. In Berlin geht es ihm sehr schlecht. Er ist zwar einer, der sich verliebt und sich prügelt wie andere auch, aber „Nixpassiert" ist doch anders. Er ist drinnen und zugleich draußen, er ist zu Haus und ganz weit weg.
Nach diesem Buch entstand der Spielfilm „Aus der Ferne sehe ich dieses Land"
Auf der Auswahlliste zum Deutschen Jugendbuchpreis. Band 263

Wilhelm Meissel
Besondere Kennzeichen: keine
Ein Jugendroman

+ loraine de frescard, tochter des franzoesischen waffenproduzenten, in edinburgh entfuehrt. kidnapper fordern 10 millionen francs. renate g., studentin aus wien, in edinburgh vermisst. besteht zusammenhang? surete und scotland yard verfolgen spuren in den highlands +
Band 251

Ingeburg Kanstein
Versuch zu leben
Erzählung

Hat es noch einen Sinn, mit den Eltern zu reden, fragt sich Thomas immer häufiger. Sie verstehen ihn ja doch nicht. Thomas mag nicht mehr, er will Schluß machen. Doch da ist Jürgen. Gegen seinen Willen faßt Thomas allmählich Vertrauen zu ihm. Mit Jürgen kann er reden, an ihm prallt alles ab wie an der Mutter. Zum erstenmal setzt Thomas sich gegen sie durch. Er will versuchen zu leben. Band 254

Reinhold Kujawa
Was ist schon los bei euch!
Dorfleben – Stadtleben

Die Kinder und Jugendlichen aus Ransdorf gehen angeln und schießen Spatzen mit dem Luftgewehr. Sonnabends zur Disco kommt auf Mofas der ganze Landkreis zusammen.
In der Stadt können ihre Alterskollegen zwischen mehreren Kinoprogrammen wählen, sie fahren U-Bahn, Rolltreppe, Fahrrad und Mofa.
Ihnen wird mehr geboten, doch was fällt Ihnen selber ein?
Band 272 (April 81)

Das Krimi-Kabinett
13 Kurzkrimis
Herausgegeben von Hansjörg Martin

Obwohl Jochen alles genau gesehen hat, traut er sich nicht, Anzeige zu erstatten. Und Ute, die sich bedingungslos einer Gruppe von Jugendlichen anschließt, merkt fast zu spät, daß ihr Schweigen gefährlich ist . . .
Kriminalgeschichten von Patricia Highsmith, Hansjörg Martin, Irene Rodrian, Friedhelm Werremeier und anderen bekannten Autoren. Band 152

rotfuchs Auswahl 12-16 Jahre

Herbert Günther
Unter Freunden

Martin ist nicht zufrieden mit sich. Natürlich: er ist Mittelstürmer in der Jugendmannschaft und Mitbegründer des Beat-Clubs. Aber mit 15 sollte man doch auch eine Freundin haben. Warum ist Heike neuerdings so abweisend? Dann kommt Helmut in die Klasse. Martin und Heike merken bald, daß mit dem «Neuen» irgend etwas nicht stimmt. Band 224

Hans-Martin Große-Oetringhaus
Wird Feuer ausbrechen?
Dokumentarischer Roman über einen Schüleraufstand in Südafrika

Tausende wurden getötet. Die meisten waren Schwarze, erschossen von der Polizei während der Unruhen von Soweto in Südafrika. Viele waren Schulkinder, die gegen Afrikaans als offizielle Schulsprache demonstrierten. Dieses Buch ist Dokumentation und Roman zugleich Es entstand nach ausführlichen wissenschaftlichen Arbeiten über Bildung und Erziehung in Südafrika. Band 261

Ulrike Haß
Der plötzliche Reichtum der armen Leute von Kombach

Katrin, Joss und Jockel träumen von Amerika. Der Alltag ist hart und karg in dem kleinen hessischen Dorf Kombach um das Jahr 1820 – auch für Kinder. Wo ist ein Ausweg? Der Wagen mit den Steuergeldern! Aber kann der plötzliche Reichtum den armen Leuten von Kombach überhaupt helfen? Band 242

Jürgen Enders
Michail Krausnick
»Für die biste doch der letzte Dreck!«
Jugendliche in einer Obdachlosensiedlung

Ein junger Sozialarbeiter berichtet in Reportagen und Interviews von Jugendlichen, die als Obdachlose in Baracken außerhalb der Stadt aufwachsen. Wie wird man obdachlos? Was erlebt man im Umgang mit Behörden, am Arbeitsplatz und in der Freizeit? Bei dem Einblick in die Atmosphäre einer Barackensiedlung zeigt sich, daß auch Helfer hilflos sein können. Band 244

Hanni Schaaf
Plötzlich war es geschehen
Jugendroman

Plötzlich haben die bisher isoliert lebenden Bewohner etwas gemeinsam: den Haß auf den vermeintlichen Täter, Wut auf die Behörden. In ihrer Panik sind sie überzeugt, Recht und Ordnung selbst verteidigen zu müssen. Was aber dann passiert, haben sie nicht gewollt . . . Ausgezeichnet mit dem Oldenburger Jugendbuchpreis. Auf der Auswahlliste zum Deutschen Jugendbuchpreis. Band 262

Paula Fox
Sklavenfracht für New Orleans

Jessie ist 13, als er im Jahre 1840 in New Orleans gekidnappt wird. Auf dem Sklavenfrachter «Moonlight» beginnt für ihn eine lange Reise über den Ozean nach Afrika. Als Jessie viele Monate später in Amerika an Land geht, ist ein kleiner Junge bei ihm: sie beide sind die einzigen überlebenden Zeugen dieser Reise . . . Band 219

neu
Die Sprüchemacher

Ein Süßwarenfabrikant will eine neue Bonbonmarke an den Markt bringen. Er geht zu einer Werbeagentur. Man «checkt» dort den Markt (Marketing), macht Kundenbefragungen, kreist die Zielgruppe ein, läßt eine Probeserie pressen. Ziel: Konkurrenz schlagen, Marktanteil verdoppeln.- Eine kritische Live-Reportage aus der Meinungs- und Normenfabrik Werbung. Band 246

rotfuchs Bücher zur jüngsten deutschen Vergangenheit

Martin Selber
Geheim-kurier A

Achim freut sich auf die Ferien auf dem Land. Aber in diesem Sommer, kurz vor dem Krieg, ist auch auf dem Dorf vieles anders geworden. Die alten Freunde stellen sich gegen Achim, weil er nicht wie sie der Hitler-Jugend angehören will. Da bricht ein politischer Gefangener aus. Durch Zufall entdeckt Achim den Flüchtling.
Band 123

Horst Burger
Warum warst du in der Hitler-Jugend?
Vier Fragen an meinen Vater
Jugendbuch

Wie konntet ihr «das mit den Juden» zulassen? Warum wart ihr in der Hitler-Jugend? Weshalb habt ihr euch im Krieg freiwillig gemeldet? Was habt ihr euch nach 1945, als dieser Krieg verloren war, gedacht? Walter Jendrich, der die Nazizeit zum großen Teil bewußt miterlebt hat, stellt sich den Fragen seines Sohnes. Band 194

Wolfgang Kirchner
Wir durften nichts davon wissen!
Ein Jugendroman

Wolfgang Kirchner erzählt in seinem Jugendroman von jenen Monaten 1945 zwischen Krieg und Frieden im besetzten Danzig, die er und sein Bruder trotz Not, Gefahr und Verfolgung manchmal auch wie ein großes Abenteuer erleben.
Band 140

Ilse Koehn
Mischling zweiten Grades
Kindheit in der Nazizeit

Ilse Koehn war sechs, als die Nazis die «Nürnberger Gesetze» verkündeten. Darin wurde jeder Deutsche, der ein jüdisches Großelternteil hatte, als «Mischling zweiten Grades» eingestuft. Ilse Koehn wächst in Berlin auf. Ihr Leben unterscheidet sich kaum von dem ihrer Altersgenossen. Nur hin und wieder spürt sie den starken Druck, unter dem ihre Familie lebt . . .
Band 226

Dietrich Seiffert
Einer war Kisselbach
Ein Jugendroman

Hans-Joachim Kisselbach kommt auf die «Nationalpolitische Erziehungsanstalt» der Nazis. Er ist überzeugt, ja begeistert. Früh meldet er sich als Kriegsfreiwilliger «ins Feld». Kisselbach war einer von denen, die durch leere Parolen verführt wurden, und seine «Old Shatterhand»-Welt bricht endgültig zusammen, als die Amis ihn gefangennehmen.
Band 255